KB086335

3개의
소원
100일의
기적

"소원을 이룬 독자들의 생생한 이야기!"

★ 회사의 이익이 2.5배나 늘었다.

★ 생각지 못한 수입이 생겨서 애인과 하와이로 여행을 갔다.

★ 결혼을 포기했을 때 최고의 남자를 만나서 초스피드로 결혼했다.

★ 모태솔로이던 내가 생전 처음으로 여자 친구를 사귀었다.

★ 30세가 넘어서 원하던 회사에 취직했다.

★ 용돈벌이로 시작한 부업이 3개월 만에 궤도에 올랐다.

★ 창업한 지 반년 만에 흑자로 돌아섰다.

★ 다이어트 석 달 만에 10킬로그램을 뺐다.

★ 42세에 비로소 결혼, 아이까지 생겨 행복하게 살고 있다.

★ 유머러스한 글 덕분에 재미있고, 이해하기 쉬웠다. 좋은 책이다.

★ 이 책에서 말하는 성공의 원리는 아주 단순하고 군더더기가 없다.
  책을 읽자마자 소원을 적기 시작했다.

★ 기가 죽어가던 나를 일으켜 세워준 책이었다.
  만약 지금 힘들고 의욕을 잃어간다면 꼭 읽어보길 바란다.

★ 책을 읽고 바로 시작해 100일 동안 3개의 소원을 하루도 빠짐없이 기록했다.
  한 가지는 이루었고, 나머지도 이루어지기 직전이다.

★ 처음엔 의구심이 들었지만 속는 셈 치고 100일을 썼다.
  놀랍게도 쉬운 목표가 아니었음에도 2개가 이루어졌다!

★ 이런 종류의 책을 많이 읽어봤지만, 이전에 읽었던 책과는 달랐다.
  많은 책들이 무작정 생각만 하라는 식이라면 이 책은 상당히 구체적이다.

3개의
소원
100일의
기적

YUME GA KANAU TOKI 'NANI' GA OKOTTEIRUNOKA?
Copyright ⓒ Hisatsugu Ishida, 2014
Korean translation copyright ⓒ 2020 by Three Wishes, Inc. All rights reserved.
Original Japanese edition published by Sunmark Publishing, Inc., Tokyo, Japan.
Korean translation rights arranged with Sunmark Publishing, Inc.
through Danny Hong Agency, Seoul.

이 책의 한국어판 저작권은 대니홍 에이전시를 통한 저작권사와의 독점 계약으로 세개의소원에 있습니다.
저작권법에 의해 한국 내에서 보호를 받는 저작물이므로 무단전재와 복제를 금합니다.

3개의 소원
100일의 기적

잠들기 전, 쓰기만 하면 이루어진다!

개정판 1쇄 인쇄 2020년 9월 7일
개정판 1쇄 발행 2020년 9월 15일

지은이 이시다 히사쓰구
옮긴이 이수경

발행인 박주란
디자인 김가희

등록 2019년 7월 16일(제406-2019-000079호)
주소 경기도 파주시 문발로 197 1층 102호
연락처 070-8957-7076 / sowonbook@naver.com

ISBN 979-11-969331-4-2 13190

《3개의 소원 100일의 기적》(김영사, 2016)**의 개정판입니다.**

이 도서의 국립중앙도서관 출판예정도서목록(CIP)은 서지정보유통지원시스템
홈페이지(http://seoji.nl.go.kr)와 국가자료종합목록 구축시스템(http://kolis-net.nl.go.kr)에서
이용하실 수 있습니다(CIP제어번호 : CIP2020025181).

3개의
소원

잠들기 전, 쓰기만 하면 이루어진다!

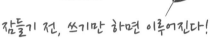

100일의
기적

세개의소원

《3개의 소원 100일의 기적》 한국 독자들에게

일본어판 《꿈이 이루어지는 순간, 어떤 일이 일어나는가?》가 한국에서 《3개의 소원 100일의 기적》이라는 새로운 제목으로 출판된 것을 보고, '책에 담긴 취지를 정확하게 표현한 문장이다!' 라는 생각에 깊은 감명을 받았던 기억이 납니다.

이 책에 대한 역자와 편집자의 깊은 애정, 그리고 많은 독자들이 진심으로 이 책을 읽어준 것에 대해 다시 한 번 감사드립니다.

나는 학생 때부터 여러 나라를 다니기 시작해, 지금까지 약 56개국 정도를 여행했습니다. 그 첫 번째 여행지가 바로 한국이었습니다. 한국은 벌써 10회 정도 방문한 것 같네요.

나의 첫 여행, 혼자 큐슈에서 배를 타고 부산으로, 부산에서 다시 새마을호를 타고 서울로 향했던 기차 안에서 신기한 만남이 있었습니다. 일본어를 아주 잘하는 여성이 우연히 내 옆자리에 앉았고, 그 인연으로 서울 관광까지 도움을 받았습니다. 서울에서는 친구도 소개받았고, 근사한 식사까지 대접을 받았습니다. 전혀 모르는 사람이었던 나에게 이상할 정도로 친절하게 대해주었습니다. 멋진 여행을 마치고 연락처를 교환하고, 일본으로 돌아온 뒤에 편지를 보냈습니다. 그러나 편지는 수신자가 없다며 돌아왔습니다.

　그녀는 대체 무엇이었을까? 그 사람은 지금도 어딘가에서 건강하게 지내고 있을까? 아니면 환영이었을까?

　하지만 그 이상한 사건에도 불구하고 나는 그 후로 여행에 완전히 빠져 들었고, 세계 각국을 돌아다니다 정신을 차리고 보니 27년이 지나 있었습니다. 이제 그 사람의 이름은 잊어버렸고, 그 사람도 나의 이름조차 기억하지 못하겠지만, 나에게 한국은 언제까지나 신기한 인연의 나라입니다.

처음 내 책이 한국어로 번역된다는 이야기를 들었을 때, 첫 번째 여행이 떠올랐습니다. 그 사람에게도 이 책이 닿으면 좋겠다고 생각했습니다. 어쩌면 그 사람은 나인지 모르고 내 책을 읽었을지도 모르겠습니다.

이 책의 테마는 '소원을 이루는 것'입니다. 잠재의식을 활용하여 내가 실제로 실천하고, 효과가 있었던 방법과 그 이론을 글로 정리한 것입니다. 이 책에서는 '숨을 참고 3번 쓴다' '100일 동안 계속한다' 등 조금은 독특한 노하우를 소개하고 있지만 개인적으로 가장 중요하다고 생각하는 핵심은 '하늘의 목소리'입니다.

소원을 적을 때나, 평소에 갑자기 머릿속에 떠오른 키워드를 노트의 여백에 꼭 메모해 두세요. 그것들이 쌓이면 왠지 이상한 만남, 우연한 사건들이 일어나고, 꿈의 실현을 가속시킵니다.

꿈이 이루어질 때, 어떤 일이 일어날까요? 나름대로 그 답을

3개의 소원
100일의 기적

한마디로 정한다면 '신기한 일'이 일어난다고 하겠습니다.

첫 번째 여행에서 있었던 신기한 만남, 그것은 확실히 나의 인생을 바꿔놓았습니다. 지금도 설레는 마음으로 세계를 여행하고 있으니까요. 2017년에는 부산에서 서울까지 자전거를 타고 여행을 했습니다. 그 시작도 분명히 첫 번째 여행의 신기한 만남이 있었기 때문이라고 생각합니다.

인생.

뜻하지 않은 일이 일어납니다.

소원을 빌 때마다 우연히 많은 일이 일어나지 않았었나요? 혹은 착실히 노력하고 있는데도 왠지 계획대로 목표에 도달하지 못하는 경우도 있습니다.

하지만 어느 날, 갑자기 깨닫고 보면 꿈이 이루어져 있기도 합니다. 기적이 일어난 것입니다. 인생은 그런 일의 연속입니다.

만약 지금, 모든 일이 뜻대로 되지 않고, 길을 잃어 헤매고 있어도 우연히 돌파구를 만나게 될 것입니다. 그리고 어느 샌가 당신의 소원이 이루어져 있을 겁니다. 기분 좋게 그 기적을 기다려보면 어떨까요?

반드시 좋은 일이 일어날 겁니다.

이시다 히사쓰구

꿈이 이루어지는
우주의 법칙
⋮

대부분의 꿈이 이루어졌다

"인생은 마음먹기에 달렸다."

만약 다음 생에 태어날 때 오직 한 가지만 기억할 수 있다면, 나는 망설임 없이 누군가 내게 해준 이말을 꼽겠다.

절에 가서 동전을 던졌다. 데굴데굴 굴러가는 동전을 낚아채서 두근거리는 마음으로 손바닥을 펼쳐보니 동전의 앞면이 나와 있었다.

"좋았어. 그렇다면 그때 들은 말을 증명해보자!"

2005년 3월 14일. 나는 4년 반 동안 다니던 회사를 그만두기로 결심했다. 동전의 앞면이 나오면 회사를 그만두겠다고 신과 약속했기 때문이다. 그리고 그날로부터 9년이 지난 지금 어떻게 되었을까?

- 연봉이 2억 원을 넘었다.

- 책을 냈다.

- 회사를 차렸다.

- 결혼해서 두 아이의 아빠가 되었다.

- 개최하는 세미나와 강연마다 늘 만석이다.

- 해마다 가고 싶을 때 해외여행을 갈 수 있다.

- 아무런 구속 없이 자유로운 시간을 보낼 수 있게 되었다.

- 10kg 이상 살을 빼서 건강해졌다.

- 가정, 육아, 일, 여가를 완벽하게 운영할 수 있게 되었다.

- 회사원 시절에는 생각할 수 없던 멋진 동료를 만났다.

대충 기억할 수 있는 모든 소원이 이루어졌다. 회사를 그만두었을 때 내게는 아무것도 없었다. 있다면 그저 이 책에서 소개하는 우주의 법칙을 믿어보기로 마음을 달리 먹은 것뿐. 그리고 그날로부터 9년이 지난 지금. 나는 기억할 수 있는 모든 소원을 이루었다. 여기에 소개한 이야기는 앞으로 남은 인생을 좀 더 나답게, 더 빛나게 살기 위한 우주의 진리이다.

인생을 바꾸는 우주의 법칙

이렇게 물어보는 사람이 있을 것이다.

"그렇다면 어떻게 해야 마음을 바꿀 수 있을까?"

아시다시피 마음을 바꾼다는 것이 실제로는 그렇게 간단하지가 않다. 물론 서점의 자기 계발 코너에 가면 지침서로 삼을 만

한 책도 많고, 세미나나 강연에서 좋은 이야기를 들을 수도 있다. 하지만 아무리 노력해도, 책을 읽어도, 세미나에 참석해도, '생각대로 되지 않는 것이 현실'이라며 단념하는 경우가 많다.

하지만 나와 마찬가지로 마음을 바꾸어 소원을 이루고 인생을 크게 변화시킨 사람도 많다. 물론 본인의 노력과 자질도 중요하지만 거기에는 어떤 공통점이 있다. 그것은 바로 소원을 이루어주는 우주의 법칙이다. 그 법칙이란 어떤 것일까?

결론부터 말하면 깨달음이다. 깨달음을 얻으면 지금까지의 인생을 형성해온 기존의 마음이 싹 바뀐다. 그리고 깨달음을 얻으면 모든 소원이 이루어진다. 말하자면 소원이 이루어지는 순간에는 누구나 반드시 깨달음의 상태가 된다.

'뭐야? 도사가 되라는 소리야?'

'좀 수상한데. 혹시 사이비 종교 아닐까?'

이런 생각이 들지도 모르겠지만, 아직 책을 덮기에는 이르다.

이 책에서 이야기하는 깨달음이란 신체에 고통을 주는 고행도, 특별한 사람만 할 수 있는 체험도 아니다. 물론 사이비 종교는 더더욱 아니다. 도사가 되어야 할 이유도 없다. 자세한 이야기는 뒤에서 하겠지만 매우 간단하고 단순하다. 더구나 마음을 바꾸어 깨달음의 상태에 도달하게 하는 '비법 노트'를 만들어 이 책의 부록으로 첨부했다. 따라서 소원을 이루기 위해 지금 당신에게 필요한 것은 펜 한 자루뿐이다.

이 책을 그대로 실천하면 정말로 많은 소원을 이룰 수 있다. 내 세미나에 참석한 사람들, 내 블로그를 읽고 성실하게 실천한 사람들은 자신의 다양한 경험을 이야기하곤 한다.

니트족에서 연봉 2억 원의 사업가로

마음을 바꾸고 난 뒤 많은 소원을 이루었지만, 나도 인생의 전반부는 아주 형편없었다. 공부도 못했고, 이성에게 인기가 없어서 학창 시절은 시시했으며, 대학 시험을 두 번이나 실패했다. 결국 별로 가고 싶지 않은 대학에 어쩔 수 없이 들어갔다. 구직 활동은 거의 전패였고, 심지어 연애 경험도 전무했다. 취직을 포기하고 대학원에 진학했지만 결국은 대학원도 중퇴하고 말았다. 정신을 차리고 보니 27세라는 적지 않은 나이에 취직 경험도 없는 니트족이 되어 있었다.

그 후, 여기저기 이력서를 넣었지만 경력 없는 니트족은 면접 기회조차 얻기가 힘들었다. 단기 아르바이트 자리도 젊고 생기 넘치는 사람이나 가능하지 나 같은 사람을 받아주는 곳은 없었다. 그래도 백방으로 뛰어다닌 덕분에 운 좋게 시급 6000원짜리

3개의 소원
100일의 기적

일을 구해 겨우 계약직 사원이 되었다. 하지만 돈도 얼마 되지 않는 그 일은 지독히도 힘들었다. 잠잘 시간도 없이 마치 마차를 끄는 말처럼 죽어라 일했지만 고객들은 나를 함부로 대했고, 상사나 동료와 잘 지내지도 못했다. 설상가상으로 급여는 줄어들기만 할 뿐이었다.

하여간 힘들었다. 사는 것만으로도 힘에 부쳤다. 얼마나 괴로웠던지 폐렴에 걸리기 일보 직전에 링거를 맞으면서 이대로 죽었으면 좋겠다는 생각이 들 정도였다. 하지만 어려서부터 부모님보다 먼저 세상을 떠나는 것은 최대의 불효라고 배운 터라 죽지도 못했다. 어차피 살아야 한다면 이 고통에서 조금이라도 벗어나고 싶었다.

그쯤 되니 마음이 필연적으로 정신세계 쪽으로 향할 수밖에 없었다. 날마다 전생에 쌓은 업을 제거하는 법, 기를 맑게 하는 법, 운을 상승시키는 법, 이런 정보만 찾아다녔다. 그리고 지푸라기라도 잡는 심정으로 '재수가 좋다'는 말을 자주 한다든지 '입꼬리를 올린다', '감사한다', '화장실을 깨끗하게 청소한다', '예의 바르게 말한다', '자주 웃는다' 등과 같은 운을 상승시킨다는 행동을 열심히 따라했다. 그 덕분일까. 왠지 모르게 긍정적인 마음이 되었고, 업무에 관한 불평도 줄어들었다.

그러나 해가 바뀌고 얼마 지나지 않아 나에게 더 혹독한 업무가 주어졌다. 3일에 한두 시간이라도 잘 수 있으면 다행이라고 생각할 정도였다. '아무리 재수가 좋다고 말해도 전혀 효과가 없잖아. 더는 이렇게 살고 싶지 않아. 이런 내 인생을 바꾸고 싶어!'라는 생각이 머릿속을 떠나지 않았다.

그러던 어느 날, 1년에 10억 원을 번다는 사업가와 이야기할 기회가 생겼다. 멋진 분위기를 풍기는 사람일 거라 생각했는데 웬걸, 만나보니 자그마한 풍채와 부드러운 외모가 개그맨을 연상시켰다. 상상했던 분위기라곤 찾아볼 수 없던 그가 나에게 충격적인 한마디를 던졌다.

"이시다 씨. 인생은 말이죠. 마음먹기에 달렸어요."

그렇다. 책 첫머리에 했던 이야기로 돌아가보자. 그것은 연봉 10억 원짜리 무게의 말이었다. 그의 말은 묘하게 설득력이 있었다.

그는 '이루어지지 않는다'는 마음을 '이루어진다'로 바꾸기만 하면 된다고 했다. '그렇다면 어디 한번 증명해보라. 욕심껏 소원을 이루어보자!' 그렇게 내 마음이 움직였다.

그로부터 9년. 지금은 앞에서 말했듯이 내가 바라던 모든 소원을 이루었다. 증명에 성공한 셈이다. 참고로 그 당시의 일은 2004년 5월부터 시작한 '우주와 사이좋게 지내기 katamich.exblog.jp' 라는 나의 블로그에 올려놓았다. 이 책에서 말하는 내용은 모두 블로그에서 사실관계를 확인할 수 있다. 성공을 이룬 다음에 이야기하는 성공담과 달리, 나는 앞으로 어떻게 될지 모르는 상황에서 실시간으로 거의 모든 것을 블로그에 기록해두었다. 날마다 블로그에 글을 올리다 보니 분량이 상당히 많아졌지만 시간이

난다면 한번 들러서 읽어보기 바란다.

이제부터 내 경험을 바탕으로 실제로 깨달음으로 이끌어주는, 소원을 이루는 비법을 중심으로 많은 소원을 이루는 우주의 법칙을 알려주고자 한다.

제1장에서는 왜 의문이 생기는지, 그 의문이 사라질 때 어떤 일이 일어나고, 어떻게 소원이 이루어지는지에 대해 이야기한다. 이것을 읽는 것만으로도 마음속에 있던 의문에서 벗어나기 시작할 것이다.

제2장에서는 제1장에서 이야기한 의문을 넘어서 소원이 이루어지게 하는 실천법을 이야기한다. 이 책의 부록인 '비법 노트'를 활용하면 펜 하나만으로 곧바로 시작할 수 있다.

다만, 아무리 간단한 방법이라도 꾸준히 실천하는 사람은 드물다. 그래서 제3장에서는 비법을 꾸준히 실천해 소원을 이루는 사람이 되기 위한 방법을 이야기한다.

제4장에서는 내가 깨달음의 상태에 있었던 경험을 기반으로 우주의 구조에 대해 이야기한다. 참고로 인생 밑바닥 시절의 내 예금 통장도 공개할 것이다. 기적의 증거라고 하기에는 조금 시시하고 부끄럽기도 하지만, 그래도 소원이 이루어졌다는 증거로 봐주었으면 한다.

어쨌든 이제는 괜찮다. 지금까지 살면서 소원을 별로 이루지 못한 사람이라도 앞으로는 바라는 바를 수월하게 이룰 수 있다. 자기에게 한계를 둘 필요도 없다. 그리고 좀 더 욕심내도 된다.

당신은 오늘 새로운 출발선에 섰다. 이 책을 읽고 지금까지 몰랐던 점을 알게 된다면 그것으로 충분하다. 이 사실 하나만으로도 인생이 크게 달라질 테니까.

오늘이 바로 그날. 전환점이다.

일단 숨을 깊이 들이마시고 나서 페이지로 넘겨보자.

'소원을 이루는 사람'의 세계에 온 것을 환영한다.

차례

제2장   소원이 이루어지는 100일의 법칙

제3장   인생을 바꾸는 우주의 법칙

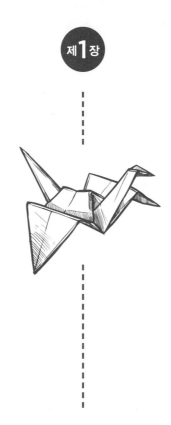

제1장

소원이
이루어지는
그 순간

꼬마 요정이 나타나기 위한 세 가지 조건

옛날 어느 마을에 구두 가게를 하는 할머니와 할아버지가 살았다. 노부부는 낡고 해진 구두를 신은 사람을 보면 돈을 받지 않고 신발을 고쳐줄 정도로 마음씨가 착했다. 그러다 보니 생활이 점점 어려워졌고, 급기야 구두를 만들 가죽조차 남지 않았다. 어느날 할아버지가 "이제 구두를 만들 가죽이 한 장밖에 남지 않았어"라며 아쉬운 듯 말하자 할머니가 환하게 웃는 얼굴로 "마지막까지 멋진 구두를 만들면 돼요"라고 격려했다.

그런데 다음 날 아침 일어나보니 놀랍게도 아주 멋진 구두가 완성되어 있는 게 아닌가. 그 구두는 가게에 진열하자마자 금세 팔렸고, 그 돈으로 새 가죽을 살 수 있었다. 그런데 또 다음 날 아침에도 구둣방 작업대 위에는 멋진 구두가 가득했다. 할아버지는 그 구두를 모두 좋은 값으로 팔아 큰돈을 벌었다.

매일 자고나면 구두가 만들어지는 것을 이상하게 여긴 할머니와 할아버지는 한밤중에 몰래 일어나 구둣방을 엿보기로 했다. 그랬더니 놀랍게도 꼬마 요정들이 나타나 신나게 구두를 짓고 있는 것이 아닌가. 할머니와 할아버지는 다음 날 고마움의 표시로 꼬마 요정들에게 줄 귀여운 옷과 신발을 만들어 작업대 위에 올려놓았다. 한밤중에 또다시 나타난 꼬마 요정들은 그 옷을 입고 신나게 춤을 추었다.

　　어렸을 때 들어본 적 있는 《그림 동화》의 〈꼬마 요정과 구둣방 할아버지〉라는 이야기다. 나도 매우 재미있게 읽었는데 지금도 궁지에 몰리면 "꼬마 요정아, 도와줘"라고 소리치기도 한다. 전에 근무하던 회사에서는 마감 때문에 자주 밤샘을 했는데 입버릇처럼 툭 하면 튀어나오는 소리였다. 그때 꼬마 요정이 나타나 도와주었다면 얼마나 편했을까.

나는 진지한 마음으로 이 이야기가 실화라고 믿는다. 이 이야기에는 '소원을 이루는 사람'의 모든 조건이 담겨 있기 때문이다. 원래 오랜 세월에 걸쳐 전해 내려오는 옛날이야기는 그 안에 사람들의 꿈이라든지 교훈이나, 마음을 울리는 뭔가가 담겨있다. 그렇기 때문에 그렇게 긴 시간 동안 전해오는 것이다. 이야기에 인간 삶의 본질이 담겨 있다는 뜻이다. 〈모모타로〉(복숭아 안에서 태어난 아이가 도깨비를 물리치고 보물을 얻어 잘살게 되었다는 내용의 일본 전래 동화)도 그렇고 〈지푸라기 부자〉(장사꾼이 어느 날 부처님께 받은 지푸라기를 귤과 비단 등 다른 물건과 하나씩 바꿔가며 집까지 얻게 되었다는 내용의 전래 동화)도 그렇다.

그렇다면 〈꼬마 요정과 구둣방 할아버지〉에는 어떤 의미가 담겨 있을까? 이 이야기를 세 부분으로 나누면 이렇다.

- 가죽이 한 장밖에 남지 않았다.
- 잠을 자고 다음 날 아침에 일어나보니 멋진 구두가 만들어

져 있었다.

● 고마운 마음에 옷과 신발을 만들어 선물했다.

특히 이 이야기에서 매력적인 부분은 두 번째인 '잠을 자고 다음 날 아침에 일어나보니 멋진 구두가 만들어져 있었다'라는 부분이다. 잠자는 동안 꼬마 요정이 나타나 일을 끝내주면 얼마나 좋을까. 힘든 일을 하다 보면 누구나 한 번쯤 이런 생각을 하게 된다. 그런데 사실 이런 일은 자주 일어난다.

예를 들면 내가 잘 아는 편집자는 책 제목이나 표지를 결정할 때 생각하고, 생각하고 또 생각하다가 그날은 일단 그냥 잠자리에 든다. 그러면 꿈속에서 갑자기 제목이 떠오른다거나, 아니면 잠에서 깬 순간 번쩍하고 머리에 떠오른다고 한다.

나도 그런 경험을 자주 한다. 세미나나 강연을 기획할 때 일단 열심히 생각한다. 하지만 머리가 잘 돌아가지 않을 때는 마음을 비우고 일단 잠을 잔다. 그렇게 자고 나면 좋은 아이디어가 떠오르곤 한다. 이럴 때 마음속으로 나는 '아, 꼬마 요정이 왔구나!'라고 생각한다.

드디어 밝혀지는 꼬마 요정의 정체

〈꼬마 요정과 구둣방 할아버지〉에 나오는 꼬마 요정은 누구에게나 나타난다. 그 정체는 바로 잠재의식이다.

잠재의식이란 말 그대로 평소에는 겉으로 드러나지 않는, 숨어 있는 의식을 말한다. 빙산을 예로 들면, 수면 위로 솟아 있는 부분이 의식이고 물속에 잠겨 있는 거대한 얼음덩어리가 잠재의식이다. 이 수면 아래의 거대한 얼음덩어리가 바로 꼬마 요정이 되어 나타나는 것이다. 평소에는 모습을 보이지 않다가 중요할 때 멋지게 힘을 발휘한다. 그렇다면 꼬마 요정은 언제 나타날까?

동화에서는 가죽이 딱 한 장 남았을 때 꼬마 요정이 나타났다. 이를 현실에 비추어보면 바로 '한계에 다다랐을 때'다. 할만큼 다 해서 더는 할 수 있는 게 없다고 생각하는 바로 그 순간 잠재의식이 멋지게 힘을 발휘해 '짜잔!'하고 문제를 해결한다.

소원을 이룬 사람들의 공통점은 바로 이것이다. 가령 '회사 이익이 2.5배나 늘었다'(40대 남성)라고 말한 사람은 전년도에는 큰 폭의 적자가 나서 눈앞이 캄캄했을 것이다. 이때 '꼬마 요정= 잠재의식'을 불러냈더니 놀랍게도 2.5배나 되는 이익을 달성한 것이다.

'예상치 못한 돈 300만 원이 생겨서 남자 친구와 하와이로 여행을 갔다'(30대 여성)는 사람도 억눌려 있던 꼬마 요정을 해방시켰더니 뜻밖에 여행갈 돈이 생겨났다.

'결혼을 포기하려고 했을 때 최고의 남자를 만나 초스피드로 결혼에 골인했다'(40대 여성)는 사람은 애인과 막 헤어진 데다 나이도 적지 않았다. 마지막 결혼 기회를 놓치고 '아, 이제 내 인생에 결혼은 없구나'하고 체념했을 때 꼬마 요정이 최고의 신랑감을 데려와서 초스피드로 결혼했다.

'모태솔로였다가 생전 처음으로 여자 친구를 사귀었다'(30대 남성)는 사람은 두 달 정도 닥치는 대로 무작정 여성에게 말을 걸려고 노력했다. 하지만 번번이 거절당해서 이제 그만하자고 마음을 접은 순간 갑자기 인기가 높아지며 예쁜 여자 친구가 생겼다. 분명히 꼬마 요정이 데려왔을 것이다.

깨달음을 얻는 순간, 소원이 이루어진다

자, 여러분은 여기까지 읽고 소원을 이룬 사람들의 공통점을 알아차렸을까?

그것은 바로 극한까지 내몰려서 몸에서 완전히 힘이 빠졌을 때 소원이 이루어졌다는 사실이다. 자기 계발서를 읽다 보면 '소원은 머릿속에서 지워졌을 때 이루어진다'는 내용이 자주 나오는데, 그것과 같은 이치다. 그 상태를 '깨달음'이라고 한다.

깨달음이라고 하면, 보통 몸을 고통스럽게 만들어 고행을 하는 사람, 몇 시간 동안 앉아서 명상하는 사람, 또는 모든 물욕을 깨끗이 지워버린 사람 등 마치 성자나 도인 같은 특별한 사람을 떠올리기 쉽다. 그런데 막상 "깨달음이란 무엇인가?"라고 물으면 뭐라고 대답해야 할지 알 수가 없다.

사전을 찾아보면 '사물의 본질이나 의미 따위를 제대로 이해하는 것'이라든지 '불교에서 마음의 어지러움을 버리고 영원한 진리를 터득하는 것'이라고 설명되어 있다. 하지만 머리로는 의미를 이해하더라도 실감하기는 어렵다. 사실 깨달음은 체감하는 것이기 때문에 머리로 이해하는 데에는 한계가 있다.

여기에서는 가능한 한 깨달음에 대해 언어로 설명해보고자 한다. 내가 '아, 그렇구나'라며 고개를 끄덕였던 깨달음에 대한 세 가지를 소개한다.

1. 차이를 없애는 것.
2. 자아가 사라지는 것.
3. '뭐야, 이거였어?'

이 세 가지에 대해 순서대로 설명해보겠다.

깨달음이란 차이를 없애는 것

차이를 없애는 것. 이것은 깨달음을 아주 적절하게 표현한 말이다. 여기서 차이란 선악, 우열, 상하 등의 가치관을 말한다.

　가령 회사의 매출을 생각해보자. 많은 쪽과 적은 쪽, 어느 쪽이 '선善'일까? 당연히 많은 쪽이 선이다. 남성이라면 키 160센티미터와 180센티미터 중 어느 쪽이 '우優'일까? 일반적인 기준으로는 180센티미터가 보기 좋다고 할 수 있다. 여성의 가슴 사이즈 A컵과 D컵 어느 쪽이 '상上'일까? 뭐, 이것은 개인마다 다르지만 그래도 보통 D쪽을 좋아한다.

　우리는 매일 이와 같은 선악, 우열, 상하 같은 가치관에 얽매여 일희일비한다. 때로 자살하고 싶은 만큼 괴로워하는 것도 대부분 이런 가치관 탓이다.

　분명히 매출은 많은 편이 좋다. 그래야 회사가 존속할 가능성이 크니까. 하지만 설령 회사의 매출이 떨어져 파산하더라도 세상이 끝나버리는 것은 아니다. 내가 예전에 근무하던 회사도 매출이 점점 줄어서 사원 수도 줄었고 월급도 점점 줄어들었다.

도산할 정도는 아니었지만 매우 힘들었다. 그렇게 어려운 상황이 내가 회사를 그만두는 계기가 되었고, 그 덕분에 독립해서 오히려 지금은 상황이 더 좋아졌다. 지인 중에 증권회사에 다니던 사람이 있는데 회사가 파산한 덕분에 창업을 해서 지금은 크게 성공했다. '인간만사 새옹지마'라고 하는데 순간순간 힘든 일은 있어도 그것 자체가 모두에게 절대적, 보편적으로 '악惡'은 아니다. 적어도 자살할 일은 아니라는 뜻이다.

여담이지만 나는 20세부터 대머리가 될 조짐이 보여 심각하게 고민한 적이 있었다. 발모제도 발라보고 대머리 치료에 관한 정보도 샅샅이 뒤졌다. 그러던 어느 날, 한 주간지에 '젊은 대머리 특집'이라는 기사가 실린 것을 보고 곧바로 그 잡지를 구입했다. 책에는 대머리를 치료하면서 '해조류가 아니라 단백질을 충분히 섭취해야 한다', '두피를 마사지해서 혈액순환을 촉진해야 한다'는 등 다양한 해결 방법을 소개했는데 마지막으로 소개한 방법을 보고 나는 탄성을 지르고 말았다. 그것은 '마음을 비운

다'였다. 다시 말해 '대머리가 뭐가 어때서!'하고 개의치 않는 것
이다.

일반적으로는 '대머리는 나쁘다'는 가치관에 사로잡히기 쉽
지만, 사실 거기에는 선악도 어떤 가치관도 없다는 것을 정확히
이해하면 된다. 바로 선과 악, 우와 열, 상과 하 같은 차이를 없
애는 것이다. 참고로 지금은 당시보다 대머리가 더 많이 진행되
었지만, 조금도 신경 쓰지 않는다.

깨달음이란 자아가 사라지는 것

두 번째는 '자아自我가 사라지는 것'이다.

세상에 태어나기 전의 아기는 완전히 엄마와 한 덩어리여서
자신과 타인(엄마)과의 구별이 없다. 그러나 세상 밖으로 나온

순간 갑자기 엄마와 분리되고, 그 때문에 깜짝 놀라서 울음을 터뜨린다. 그래서 서둘러 엄마 젖을 물리면 울음을 그치고 안심한다. 그리고 성장하면서 점점 엄마와 분리되어 자기라는 독립된 존재를 인식하게 된다. 나아가 소유의 개념이 생기고 자기와 타인, 자기 것과 남의 것을 구별하게 된다. 자신과 타인을 구분하는 그 선線을 '자아'라고 부른다.

다음의 그림 A를 보자. 아기의 세계는 맨 처음 아무런 경계도 없이 새하얗다. 그러나 뇌가 발달함에 따라 나와 남을 구별하게 된다. 그것을 구별하는 선이 바로 자아다. 그것이 더욱 발전하면 그림 B처럼 된다.

두 사각형 안에 각각 불규칙적으로 선이 그어져 있다. 이 자아의 선은 아기가 성장함에 따라 점점 많아지고 기기에 색도 칠해져 각각의 세계가 만들어진다. 이것을 자아가 강해진다고 말한다. 세계 인구가 70억이 넘으니 지구 상에는 이런 각각의 세

성장함에 따라
자아가 강해진다

A

새하얀 세계
모든 것이 하나

→

나의 세계

자아 ▶

남의 세계

자아가
강해진다

B

세계1

세계2

★ 70억 개 이상의 세계가 생긴다.

계가 70억 개가 넘는다.

우리는 예외 없이 이렇게 자신이 만든 필터를 거쳐 세상을 바라보고, 이것이 자기만의 인식이나 가치관을 만든다. 43쪽의 그림과 같이 사람들은 이 필터를 통해 보는 것이 세상의 전부라고 믿는다. 만일 자신이 좋아하는 것만 보는 필터를 가졌다면 인생이 행복해지고, 반대로 싫은 것만 보는 필터를 가졌다면 불행해진다.

내 앞에 상자가 있고 내부를 엿볼 수 있는 구멍이 두 개 뚫려 있다고 가정해보자. 구멍 하나로는 귀여운 고양이가 보이고 다른 하나로는 바퀴벌레가 보인다. 고양이를 보는 사람은 기분이 좋지만 바퀴벌레를 보는 사람은 불쾌할 것이다. 이처럼 우리는 늘 구멍, 다시 말해 필터를 선택하며 살아간다. 그러므로 인생살이가 힘들다고 느껴진다면 눈앞의 필터를 살짝 바꾸면 된다. 우리는 이 세상을 각자 자신이 가진 필터를 통해 바라보지, 있는 그대로 보지 않는다. 깨달음이란 바로 이 필터를 걷어버리는 일이다.

자아, 다시 말해 필터의 선이 모두 사라졌을 때 비로소 세상이 있는 그대로 보이며, 모든 것은 하나라는 사실을 알게 된다.

이것을 정신세계에서는 '원네스Oneness'라고 부른다. 모든 것이 하나이고 애초에 아무런 차이도 없는 세계를 말한다. 기쁨도 고통도 모두 자아, 다시 말해 필터가 만들어내는 것이라면 애초에 하나인 세상으로 돌아가면 모든 기쁨도 고통도 사라져버린다.

하지만 인간으로 태어난 이상 기쁨도 고통도 없는 삶은 불가능하다 그렇다면 앞으로는 가능한 한 기쁨을 선택하려고 노력하면 된다. 깨달음이란 언뜻 보기에는 아무런 의미도 가치도 없는 하나Oneness로 돌아가는 시시한 것이라고 생각할 수 있지만 그로 인해 자유롭게 선택할 수 있는 위치에 설 수 있다.

선택지가 없다는 것은 자유롭지 못하고 괴로운 일이다. 애초에 하나였던 우리가 새삼스레 기쁨이나 고통을 선택할 수 있게 된다면 그것은 어떤 의미에서 궁극의 자유라고 할 수 있지 않을까?

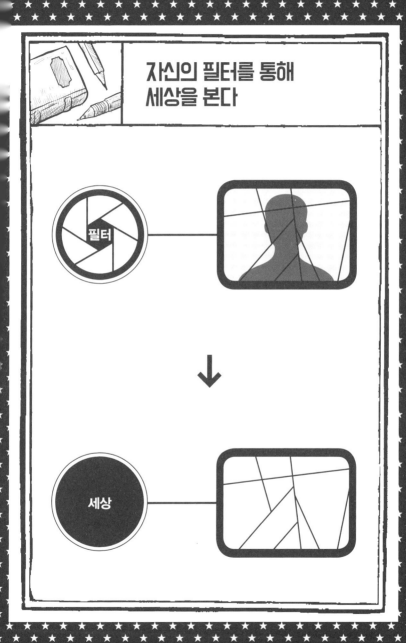

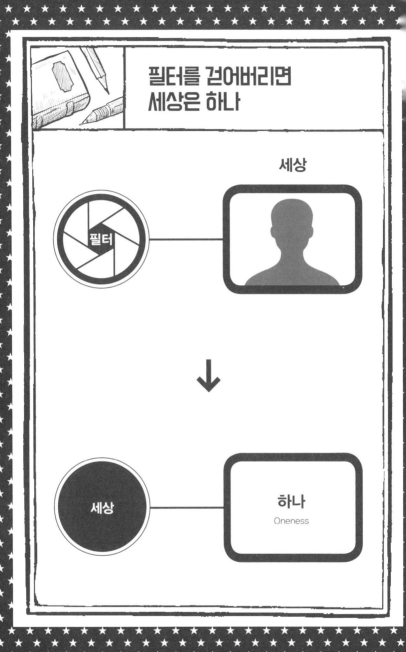

깨달음이란 '뭐야, 이거였어?'

하나로 돌아가는 순간, 깨달음의 세 번째 '뭐야, 이거였어?'가 찾아온다. 앞에서도 말했듯이 아기 때는 모든 것이 하나인 세상에 산다. 그러다 성장하면서 자아가 싹트고 더 나아가 자아가 강해지고 복잡해지면서 자신만의 필터를 만들게 된다. 행복한 필터를 만들면 행복하지만 그 반대의 경우도 분명히 있다. 이 필터를 제거해버리면 오래전에 알던 하나의 상태로 돌아간다. 이미 경험했던 상태로 돌아가는 것이니 '뭐야, 이거였어?'라고 반응하게 되는 것이다. 모르던 것이라면 '어머나!'하고 놀라겠지만 아는 것을 다시 기억해내는 것일 뿐이므로 '뭐야, 이거였어?' 하고 허탈해진다. 그러면 이것들과 '소원을 이루는 사람'사이에는 어떤 관계가 있을까?

지금까지 설명한 깨달음에 관한 세 가지를 합쳐서 하나로 정리해보자.

애초에 하나여서

차이가 없던 세상을

'뭐야, 이거였어?'라고 기억해내는 것.

이것이 깨달음이다. 결국 우리는 애초에 하나였던 세상을 잘게 잘라서 일부러 차이를 만들어내고 '뭐야, 이거였어?'라면서 살아간다는 뜻이다.

뭐, 이것이 인생이고 그렇게 때문에 재미있기도 하지만, 그로 인해 인생이 고통스러운 것 역시 사실이다. 그 고통은 사실 뭔가를 바라는 마음 때문에 생겨난다.

갓 태어난 아기는 기쁨도 없지만 고통도 없다. 그저 있는 그대로의 세상에 적응할 뿐이다. 그러나 성장하면서 차츰 자아가 강해지고 생리적 욕구 이외에도 복잡한 욕망이 생겨난다. 예를 들면 '좋은 성적을 받고 싶다', '돈이 많았으면 좋겠다', '이성에게 인기가 있었으면 좋겠다' 같은 바람이다.

이런 욕망 때문에 아무런 스트레스도 없던 세상에 갑자기 차이가 생긴다.

'좋은 성적'과 '나쁜 성적'의 차이, '부자'와 '가난'의 차이, '인기 있음'과 '인기 없음'의 차이 등 욕망이 싹트면 반드시 그 자리에는 차이가 생겨난다. 이것이 바로 고통의 원흉이다.

그럼 욕망이 만들어내는 고통에서 벗어나려면 어떻게 해야 할까? 두 가지 방법이 있는데, 하나는 처음부터 바라지 않는 것이고 나머지 하나는 욕망을 실현하는 것이다.

인간이기를 포기할 것인가, 아니면 원할 것인가

그러면 욕망이란 무엇일까? 군이 정의하자면 '미래에 일어나길 바라는 바람직한 변화'다. 고통은 현상現狀과 욕망의 간극 때문에 생긴다. 그러니 고통에서 벗어나는 한 가지 방법은 이 간극을 만들지 않는 것. 다시 말해 애초에 바라지 않는 것이다. 이것은 '번뇌를 끊는 일'이라고 할 수 있는데, 좌선이나 폭포 수행 같은 고행을 하는 사람은 대부분 이것을 목표로 한다. 그 목적지가 깨달음이다. 그러므로 깨달음을 얻음으로써 고통에서 벗어나는 것도 그런 의미에서는 행복해지는 방법이다.

실제로 정신세계 관련 서적을 보면 '이대로 괜찮아', '애쓰지 않아도 돼', '아무것도 요구하지 않아도 돼', '이미 너는 완벽하니까' 이런 식의 설명으로 욕망을 버리거나 번뇌를 끊는 방식을 소개하는 것이 많다. 이런 방법은 독자들에게도 실제로 좋은 평을 받는다.

물론 이것도 진실이라면 진실이다. 커다란 우주에서 내려다 본다면 어떤 의미에서는 궁극의 진실일 수도 있다. 그런데 이런 말을 들으면, '그렇다면 아무것도 할 필요가 없잖아'하고 오해하는 사람도 분명히 있다. 아무것도 하지 않고 산다면 어떨까? 동물처럼 숨 쉬고 먹고 마시고 자기만 하는 인생이 좋을까? 이런 삶이 즐거울까?

그리고 또 한 가지. 욕망이 없다는 것은 사실 무책임한 일이다. 지금 여러분은 종이나 전자책으로 이 책을 보고 있을 텐데, 종이는 누가 어떻게 만들었을까? 이야기를 하자면 끝이 없겠지만, 일단 나무를 심고 자르고 운반하고 가공한 사람이 있다. 그것은 누군가 종이를 원했기 때문이다. 전자책도 마찬가지다. 인터넷도 마찬가지다. 우리가 먹는 음식도, 입는 옷도, 사는 집도, 이동하는 수단도, 의료 기술도, 우리 주변에 있는 것은 모두 누군가의 욕망의 산물이지 결코 자연현상이 아니다.

이렇게 인간 사회가 발전해왔고, 그 근저에 자리한 것이 바로 욕망이다. 그리고 모든 사람이 무엇인가를 욕망할 때마다 현실과의 간극 때문에 괴로워했을 것임에 틀림없다. 하지만 그 고통에서 도망치지 않고 간극을 좁히려 노력한 덕분에 지금 우리가 이렇게 편리하게 살고 있다. 즉 누군가의 욕망으로 우리는 편안한 삶을 살 수 있게 되었다.

우리는 인간이기 때문에 당연히 바라는 마음이 생긴다. 만일 정말로 욕망을 부정한다면 인간이기를 포기하는 편이 낫다. 포기할 수 없다면 솔직히 바라자. 물론 욕망이 많으면 힘들긴 하다. 하지만 그렇기 때문에 재미있는 게 아닐까? 욕망이 없으면 마음은 편하다. 하지만 그렇게 하는게 즐거울까? 기쁨을 느낄까? 두근두근 설렐 일이 있을까?

물론 모든 욕망을 부정하고 동물처럼 사는 것도 개인의 선택이다. 하지만 나는 그러고 싶지 않았다. 인간이기를 포기할 것인가, 아니면 원할 것인가? 나는 원하는 쪽을 선택하겠다.

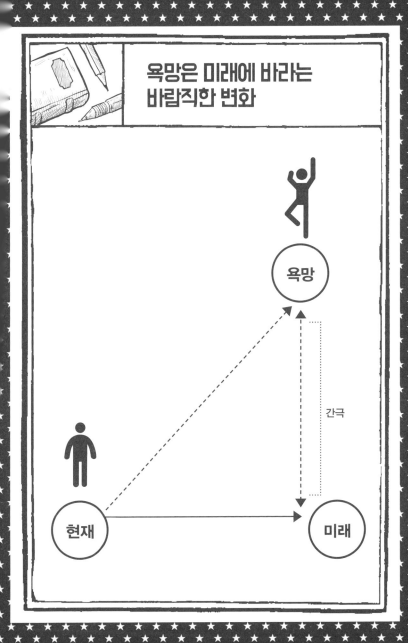

욕망은 미래에 바라는
바람직한 변화

욕망

현재

미래

간극

욕망에 끝까지 집착하라

욕망이 낳은 고통에서 벗어나는 두 번째 방법은 욕망을 실현하는 것이다. 힘든 시절에 나는 정신세계에 관한 책을 많이 읽었다. 그런 책에서 자주 본 내용 중 하나가 '내려놓으라'는 말이었다. 많은 책에 '욕망을 내려놓아야 이루어진다'고 적혀 있었다. 이것은 정신세계에서는 진리로 인정받는 내용이다.

그래서 나도 욕망을 내려놓으려고 노력하기 시작했다. 그런데 내려놓는다는 것은 어떤 상태일까? 예를 들어 부자가 되고싶어 한다고 치자. 이 마음을 내려놓으려면 어떻게 해야 할까? 가난해도 좋다고 생각하면 되는 걸까? 아니, 이것은 솔직하지가 않다. 부자가 되고 싶다는 생각 자체를 하지 않으면 될까? 그렇다면 어떻게 생각을 하지 않지?

진심은 부자가 되고 싶다. 그렇지만 정신세계에 관한 책에서는 내려놓아야 얻을 수 있다고 쓰여 있다. 그래서 부자가 되기 위해서 내려놓으려고 노력한다.

나는 이 과정에 상당한 모순이 있다는 사실을 알아차렸다. '부자(욕망 실현)'와 '내려놓다'를 동급으로 취급하는 한, 내려놓으려고 노력하면 할수록 부자가 되는 것에 집착하게 되기 때문이다. 결국 부자가 되려는 제대로 된 노력도 하지 않은 채 집착만 강해져 고통이 더욱 커진다. 그리고 욕망이 실현되지 않은 상태에서 시간만 흘러간다.

그렇다면 실제로 '소원을 이루는 사람'은 어떻게 했을까? 사실 그들은 내려놓으려고 노력하지 않는다. 오히려 욕망에 끝까지 집착한다. 가령 눈앞에 돈다발이 있다고 치자. 이것을 내려놓으려면 어떻게 해야 할까?

내려놓으려면 그 전에 움켜쥐는 수밖에 없다. 손을 뻗어서 움켜쥐고, 움켜쥐고, 할 수 있는 만큼 많이 움켜쥔다. 그러면 더 이상 움켜쥐기가 힘들 때, 즉 갑자기 내려놓을 때가 온다. 요컨대 내려놓는다는 것은 역설적으로 '움켜쥐기-집착하기'와 세트라는 뜻이다.

　'소원은 잊어버렸을 때 이루어진다'는 말도 정신세계에서 자주 하는 소리다. 하지만 잊으라고 한다고 금방 잊어버려지지는 않는다. 사랑에 실패했을 때 "그런 남자는 이제 잊어버려"라는 조언을 들어도 쉽게 잊히지 않는 것과 똑같다. 하지만 눈물이 바닥 날 정도로 실컷 울고 시간이 흐르면 어느새 자기도 모르게 그를 잊어버린다. 나도 아내를 만나기 전에 실연으로 충격을 받은 일이 있었는데 당연히 지금은 까맣게 잊어버렸다. 지금 생각하면 과거의 여성을 기억 속에서 깨끗이 잘라낸 순간에 아내가 나타나서 결혼한 것 같은 생각도 든다. 그야말로 욕망하던 것을 잊어버린 순간에 이루어진 것이다.

'매출이 이게 뭐야!' 매출을 올리고 싶은 욕망에 자꾸만 집착한다. 그러다 어느 순간 일에 푹 빠져서 매출 따위는 잊어버리고 지냈다. 정신을 차리고 보니 매출이 놀랄 만큼 늘어 있었다.

애인과 하와이 여행을 가고 싶었지만 돈이 없었다. 과한 욕심인 줄 알면서도 종이에 적어보았다. 종이에 적었다는 사실조차 잊고 지냈는데 어느 날 갑자기 돈과 기회가 찾아왔다.

결혼 상대를 찾기도 지쳐버렸다. 여자 나이 사십은 역시 안되는 걸까? 더 이상 결혼에 집착하지 말고 내가 원하는 대로 살자고 마음먹은 지 석 달 만에 최고의 신랑감이 나타났다.

사랑을 하고 싶었지만 한 번도 여자 친구를 사귀어본 적이 없다. 하지만 노력이나 해보자. 일단 계속 말을 걸어보자. 아주 열심히. 그래서 닥치는 대로 도전해보았지만 번번이 실패했다. 할 만큼 했다는 마음으로 포기한 순간, 사랑스러운 그녀를 만났다.

다시 말해 내려놓는 것이 아니다. 욕망의 대상의 입장에서 본

다면 손에서 풀려나는 것이다. 돈다발을 움켜쥐지 않으면 내려

놓을 수 없듯이, 욕망도 끝까지 집착해야 비로소 풀려나는 법이

다. 그리고 집착에서 자유롭게 풀려난 순간, 욕망은 이루어진

다. 그럼으로써 마침내 고통에서 해방된다.

잠재의식이 당신의 소원을 방해하는 이유

〈꼬마 요정과 구둣방 할아버지〉 이야기로 돌아가보자. 할아

버지는 어떻게 꼬마 요정을 불러냈을까? 먼저 소원이 있었다.

할아버지가 아무리 착해도 먹고살아야 한다. 그렇다면 계속 구

두를 만들어 팔아야 한다. 그래서 할아버지는 가난한 사람들에

게 공짜로 줄망정 열심히 구두를 만들었다. 하지만 돈이 벌리지

않았다. 큰 스트레스다. 그리고 마침내 가죽이 딱 한 장밖에 남

지 않았다. 할아버지는 마음을 비우고 우선 잠을 청했다. 초조해할 것도, 안달할 것도 없었다. 할머니도 마지막까지 멋진 구두를 만들라고 격려했으니 마음 편히 잘 수 있었다. 그러자 다음 날 멋진 구두가 완성되어 있었다.

어쨌든 할아버지는 끝까지 열심히 구두를 만들었다. 최선을 다했고, 할머니의 따뜻한 격려를 받고 잠을 잤다. 이때 꼬마 요정이 나타났다. 다시 말해 잠재의식이 작동하기 시작한 것이다.

이 메커니즘을 한마디로 정리하면 '스트레스와 릴랙스'다. 소원이 생기면 누구나 스트레스를 받는다. 소원과 현재 상태 사이에 간극이 있기 때문이다.

잠재의식에 관해 조금 더 자세히 설명해보겠다. 앞에서도 이야기했듯이 빙산을 예로 들면 잠재의식은 수면 아래 잠겨 있는 거대한 얼음덩어리이고, 보통은 겉으로 드러나지 않는다. 일설에 따르면 잠재의식의 힘은 의식의 2만 배라고 한다. 그러므로 아무리 의식이 '부자가 되고 싶다'고 생각해도 잠재의식이 그 2만 배의 힘으로 소원을 방해하면 부자가 되기는 어렵다. 그렇다면 왜 잠재의식은 내가 원하지 않는 가난한 상태를 고집하는 것일까? 그것은 잠재의식에게 최대이자 유일한 목적이 있기 때문이다. 잠재의식의 목적은 오로지 '안심과 안전'뿐이다.

사람은 태어난 순간부터 살기 위해 애쓴다. 아기는 배가 고플 때, 기저귀가 젖었을 때, 방치되었을 때 크게 울음을 터뜨려 주위에 위험신호를 보낸다. 울면 젖을 먹을 수 있고, 깨끗한 기저귀로 갈아주고 안아주기 때문에 울음은 본능적으로 아기가 자신의 안전을 지키려고 하는 행위다. 아기는 성장하면서 스스로 할 수 있는 일이 많아지고, 행동 범위도 넓어지고, 때로는 위험한 일에 도전하기도 한다. 그렇다고 해도 잠재의식은 항상 '안심과 안전'을 우선으로 해 '안전하다면 도전하지만 위험하면 도전하지 않는다'라는 원칙을 고수한다.

그중에서도 잠재의식이 특히 꺼리는 것이 '변화'다. 잠재의식

은 항상 지금까지 살던 상태 그대로 유지될 때 가장 안심하고
또 안전하다고 느낀다. 어떤 일이 자신에게 바람직한지 아닌지
는 상관없다. 단지 지금 이 상태를 그대로 유지하는 것이 가장
안전하다고 믿는다.

바로 이것이 잠재의식이 소원의 실현을 방해하는 첫 번째 원
인이다.

잠재의식에는 꿈도 이상도 없다. 지금의 현상을 유지하는 것
만이 목적이다. 가장 안심할 수 있고 안전하기 때문이다. 가난
해도, 건강하지 않아도, 두려워도, 잠재의식은 지금까지 살아온
그 상태 그대로 고수하려 한다.

잠재의식의 정체는 '몸'이다

잠재의식은 마음속에 싹튼 소원을 2만 배의 힘으로 저지한다. 그 소원이 변화를 추구하고, 안심할 수 없고 안전하지 않다고 느끼는 한 그렇다. 게다가 잠재의식은 지금까지 경험한 위험했던 일을 깊이 기억하는 성질까지 있다.

가령 어렸을 때 개에 물려 아팠던 기억이 있다고 하자. 당시에는 무척 두려운 일이었을 것이다. 이 일로 몸은 '개는 위험하다'고 기억하고, 어른이 되어서도 개를 두려워한다. 치와와처럼 작고 귀여운 개를 봐도 머리로는 위험하지 않다는 걸 알면서도 몸은 개를 거부한다.

예를 하나 들어보자. 어떤 사람이 초등학생 때 어묵을 먹다가 어금니에서 뭔가 '우두둑'하고 씹혔다. 아마 어묵을 만들 때 모래 따위가 섞여 들어갔던 모양이다. 이 느낌이 너무도 싫었던 그는 어른이 되어서도 어묵을 먹지 못했다.

하지만 나는 지금까지 어묵을 먹다가 모래를 씹은 적이 없고 아마 다른 사람도 대부분 그럴 것이다. 모래가 들어간 어묵을 먹는 게 오히려 드문 일이다. 하지만 한번 어묵에 대해 불쾌한 경험을 한 사람은 머리로 알고 있는 것과 다르게 '어묵=위험'이라는 공식이 몸에 남아서 평생 어묵을 거부해버리는 것이다.

여기서도 알 수 있듯이 잠재의식의 정체는 바로 몸이다. 머리(의식)로는 안전하다는 것을 알아도 그 2만 배나 되는 힘으로 몸이 거부반응을 일으킨다. 개를 봤을 때 소름이 돋거나 심장 박동이 빨라지거나 식은땀이 나는 것도 마음과 달리 몸이 멋대로 반응해버리는 것이다. 몸, 즉 잠재의식에 개나 어묵이 위험한 존재로 입력되면, 나중에 실상 그렇지 않다는 것을 알아도 계속 개나 어묵을 멀리하게 된다. 그러는 쪽이 안심되고 안전하다고 판단하기 때문이다. 잠재의식이 느끼기에 개나 어묵에 맞서는 일은 변화이고, 변화는 위험하니 반드시 피하려고 한다.

잠재의식이 '뻥!'하고 터지면서 현재를 리셋한다

〈꼬마 요정과 구둣방 할아버지〉 이야기로 돌아가보자. 할아버지는 마음씨는 착하지만 생각만큼 돈을 벌지 못해 스트레스를 받았을 것이다. 그래도 구두 가게를 그만두지 않고 가죽이 다 떨어질 때까지 열심히 구두를 만들었다. 하지만 나이가 나이인 만큼 이제 몸도 지쳤다. 게다가 마지막까지 온 마음을 다해 일했다. 그러니 오늘은 이쯤에서 자자.

이때 할아버지의 잠재의식 세계에서 어떤 일이 일어났을까? 어쨌든 의식으로부터 '구두를 만들어 팔고 싶다'는 지령만큼은 정확히 받았다. 하지만 할아버지는 지금까지 쭉 가난하게 살았다. 잠재의식이 감지하기에 이 상태에서 느닷없이 부자가 되는 것은 위험한 일이다

그렇기 때문에 무슨 수를 써서라도 할아버지를 가난한 채로

내버려두고 싶다. 그런데 할아버지는 변함없이 가난한 사람들을 위해서 몸을 혹사하면서까지 구두를 만든다. 게다가 가죽은 이제 한 장밖에 남지 않았다. 어떻게 할까. 이대로라면 가죽이 다 떨어져서 구두를 만든다는 현상 유지도 힘들어진다. 가난을 유지하고 싶다. 하지만 구두 만드는 일도 계속하고 싶다. 의식은 '구두를 만들어 팔고 싶다'고 지령을 내렸는데, 어쩌나. 가난을 유지할 것인가, 구두를 계속 팔 것인가. 어느 쪽을 선택해야 할까. 어쩌지. 어쩌지……

뺑!

갈등이 고조되다가 마침내 잠재의식이 큰 소리를 내며 의식에 도움을 청한다. 그러면 이제 의식의 지령대로 하는 수밖에 없다. 일단 할아버지를 재운다. 스트레스에 지친 몸을 편안히 쉬게 한다. 그동안 의식이 내린 지령에 따라 다음 날 팔 구두를 만들어둘 터이다.

이렇게 해서 잠재의식은 꼬마 요정의 모습을 빌려 즉시 멋진 구두를 만들기 시작한다. 완성된 구두는 좋은 값에 팔렸고, 그 돈으로 가죽을 사서 다시 구두를 만들 수 있었다. 그리고 구두를 판 돈으로 다시 가죽을 살 수 있었다. 이렇게 반복하는 동안 어느새 돈도 벌고 소원도 이루어졌다. 바꾸어 말하면 지금까지 위험하다고 생각했던 변화를 잠재의식이 받아들인 것이다.

여기에서 중요한 것은 잠재의식이 극도의 스트레스 상태에 놓였다는 점이다. '가난'과 '구두를 만든다'는 상반된 현상이 충돌하는 딜레마에 빠지면서 큰 스트레스를 받은 것이다. 가난을 유지하면 구두를 만들 수 없다. 구두를 계속 만들면 가난을 유지할 수 없다. 곤란에 빠진 잠재의식은 의식에 도움을 구한다. 이때 의식이 내린 지령은 '구두를 만들어 풍족하게 살라'이다. 그리고 '구두를 만들면서 가난하게 산다'는 지금까지의 현상을 일단 리셋하는 것이다. 다른 소원도 이와 마찬가지다.

의식으로부터 '매출을 올리고 싶다'는 지령(소원)을 받았지만 잠재의식은 변화가 두려워 지금처럼 매출이 적은 상태를 유지하고 싶다. 이 사람은 매출을 늘리기 위해 부지런히 몸을 써서 일한다. 게다가 이대로 계속 매출이 오르지 않으면 '계속 일하는' 현상을 유지할 수 없다. 어쩌지, 어쩌지, 어쩌지, 스트레스를 받다가 뻥!

의식의 지령은 계속 일하는 것이므로 이제는 매출을 늘리는 수밖에 없다. 지금까지의 현상이었던 '매출이 오르지 않는데도 계속 일한다'를 일단 리셋하고 '매출을 늘려서 계속 일한다'는 변화를 받아들인다. 이것이 바로 소원 실현의 과정이다.

결혼 상대를 찾는 소원도 여기에 대입해보자. 잠재의식은 이런 식이다. 지금까지 살던 대로 독신 생활을 유지하고 싶다. 하지만 이 사람은 열심히 결혼 상대를 찾는다. 잠재의식은 어떻게든 소원을 방해하고 싶은데 아직도 계속 결혼하려고 노력한다. 남자를 만나고 이야기를 나누고 외모에도 신경 쓰면서 적극적으로 애쓴다. 결혼하고 싶다는 의식도 강하다. 하지만 애쓴다고 될 것 같으냐! 잠재의식은 강하게 거부한다. 상대방이 도망가게 해. 도망가게 해. 됐어. 이제 겨우 단념한 것 같다. 하지만 어쩐다. 결혼하려고 너무 노력한 탓인지 이 사람에게 결혼하고 싶다는 감각이 남아버렸다. 결혼에 대한 긍정적인 사고가 감각적으로 유지되고 있는 것이다. 어쩔까? 잠재의식은 결혼하고 싶지 않지만, 의식에는 결혼하고 싶다는 감각이 남아 있다. 의식의 지령은 '결혼해!'였다.

'결혼하지 않겠다'와 '결혼하고 싶다'는 두 가지 현상이 양립할 수 없게 되자 결국에는 의식의 지령에 따라 결혼이라는 변화를 받아들여서 실현해버리는 것이다.

모든 예에서 잠재의식은 (소원이 이루어지기 전) 현상을 유지하려고 한다. 하지만 몸이 잠재의식에 대항하는 행동을 계속하면서 잠재의식이 딜레마 상태에 빠지고 스트레스를 받는 것이다.

그래서 마침내 의식에 도움을 청하고, 지금까지의 현상을 일단 리셋한다.

잠재의식이 변화를 받아들이는 과정

작은 깨달음 = 소원 실현

★ 무엇인가를 욕망할수록 현재 상태와의 차이가 커진다. 그 차이가 고통을 낳는데, 거기에서 도망치지 않고 노력하면 잠재의식은 그 스트레스를 견디지 못해 결국 '뻥!'하고 터진다. 뭐야, 이루어진다는 게 이런 느낌이구나!

큰 깨달음 = 종교적 깨달음

★ 성장하면서 차츰 자아가 확대되고 가치관이나 판단이 생긴다. 사람에 따라서는 그것이 매우 고통스러운 경험이 되기도 한다. 그 고통이 커질수록 잠재의식은 스트레스를 견디지 못하게 되고, 결국 '뻥!'하고 터진다. 뭐야, 하나였잖아.

스트레스+릴랙스=꿈의 실현

지금까지 이야기한 잠재의식이 일으키는 '현상의 리셋'은 긴장이 확 풀린 이완 상태에서 일어난다. 가령 '잔다', '잊는다', '몰두한다', '체념한다' 같은 행동이 리셋에 해당한다. 돈다발을 계속 움켜쥐고 있는 것은 스트레스 상태다. 움켜쥐고, 또 움켜쥐고, 끝까지 움켜쥐었다가 놓으면 쾌감이 느껴진다. 하지만 돈다발을 쥐었던 감각은 남아 있다. 돈을 가질(벌) 힘도 생겼다.

나중에는 '스트레스를 좀 덜 받고 돈다발을 움켜쥘 수 있겠다' 같은 느낌이다.

나는 요가를 배우면서 그 메커니즘을 깨달았다. 요가는 몸에 부하를 주어서 말 그대로 스트레칭(스트레스를 가한다)하는 것이다. 그런데 중요한 것은 스트레스를 받은 상태가 아니라 그 후에 이완하는 것, 다시 말해 릴랙스다. 이 이완된 감각이 요가의

3개의 소원
100일의 기적

묘미다. 하지만 이 묘미를 맛보려면 극한까지 스트레스를 주어야 한다. 따라서 스트레스와 릴랙스는 늘 세트다. 릴랙스를 위해서는 스트레스가 반드시 필요하고, 스트레스를 주면 언젠가는 릴랙스로 전환한다.

마음속으로 소원을 강하게 원하는 것 역시 큰 스트레스다. 그 스트레스가 계속되면 나중에 뻥 하고 터져 릴랙스로 전환된다. 그때가 소원이 실현되는 순간이다.

"꿈을 이루는 최고의 방법은 죽을 만큼 간절히 염원하고, 강하고 선명하게 이미지화하는 것, 그리고 술을 마시며 이야기하는 것."

이것은 영화배우, 코미디언, 그리고 사업가로도 성공한 일본의 유명인이 경영하는 식당에 걸려 있는 문구다. 정말 맞는 말이다. 죽을 만큼 간절히 염원하고 강하고 선명하게 이미지화한다는 것은 강한 변화를 추구하는 것이므로 잠재의식에는 상당한 스트레스다. 하지만 욕망의 절정까지 노력한 뒤 릴랙스 상태가 되어 술을 마시며 이야기 나누다 보면 그 꿈을 자연스럽게 받아들이게 된다. 역시 비결은 스트레스와 릴랙스다.

욕심 많은 꿈일수록 이루기 쉽다

〈꼬마 요정과 구둣방 할아버지〉 이야기를 조금 더 해보자. 할아버지는 꼬마 요정들에게 고마움의 표시로 옷과 신발을 선물하는 등 소원이 실현되기 전후에 매우 중요한 행동을 했다.

첫째, 소원이 실현되기 전, 마지막으로 한 장 남은 가죽으로 가난한 사람을 위해서 구두를 만들었다.

둘째, 소원이 실현된 후, 꼬마 요정들에게 정성을 들여 옷과 신발을 만들어주었다.

먼저 첫 번째 행동, 이것은 소원이 쉽게 이루어지도록 하는데 매우 중요한 요소다. 자아가 사라졌을 때 깨달음이 찾아온다고, 다시 말해 소원이 이루어진다고 이야기했다. 그런데 할아버지는 자아를 없애기 위한 준비가 제대로 되어 있었다. 바로 가난한 사람들을 위해서 구두를 만들어온 것이다. '누군가를 위해서'라는 부분이 매우 중요하다.

자아란 자신과 타인을 나누는 선線이다. 자아가 강할수록 자신과 타인 사이의 고랑이 깊어지고 타인의 입장을 생각하지 않게 된다. 그런데 자신과 타인 사이에 다리가 놓여 있다면 어떨까? 자아는 그만큼 약해진다. 바로 타인을 위하는 자세다.

이 이야기와 관련된 흥미로운 에피소드가 있다.

예전에 어떤 워크숍에 참가했는데, 참가자 중에 자칭 천사라는 남자가 있었다. 겉으로 보기에는 평범했지만 자신이 천사라는 것에 한 치의 의심도 없는 모습이었다. 나도 당연히 처음에는 이상한 사람이라고 생각하다가 넌지시 말을 걸어보았다.

"천사는 무슨 일을 합니까?"

"남을 행복하게 하는 일을 합니다."

참으로 평범한 대답에 바로 흥미가 사라졌다. 하지만 갑자기 대화를 중단할 수도 없어서 계속 이야기를 이어나갔다.

"그렇다면 한 가지 물어봅시다. 세상에는 왜 이렇게 불행한 사람이 많을까요? 천사가 일을 제대로 하는 겁니까?"

이때 그의 대답이 정말 흥미로웠다. '행복은 마음먹기에 달렸다'든지 '이미 행복한데도 행복한 줄 모르고 있을 뿐'이라는 뻔한 대답을 할 거라는 내 예상이 완전히 빗나갔다.

"아무도 내게 소원을 빌지 않기 때문이죠."

그 말을 듣고 보니 정말 그랬다. 만일 눈앞에 천사가 나타나 행복하게 해줄 수 있다고 해도 부탁하지 않으면 움직이지 않을 것이다. 당연한 이야기지만, 소원을 이루고 싶다면 천사에게 빌

정도의 명확한 바람, 욕망이 있어야 한다.

다만 한 가지 큰 의문이 들었다. 자기 계발서를 읽거나 세미나에 참가하는 사람은 대부분 소원이 명확할 텐데, 그럼에도 소원을 이루지 못한 사람이 여전히 많다. 왜 그럴까? 천사는 이렇게 대답했다.

"나도 바쁘기 때문에 작은 소원은 들어주지 어렵지요."

그 소원이 단순히 자신의 욕구를 만족시키는 정도라면 그것은 작은 소원이다. 천사가 말하기를, 한 번에 가능한 한 많은 사람을 행복하게 해주는 것을 소원하라는 것이다. 한 사람보다 열 사람, 열 사람보다 백 사람이 행복해지는 소원이 아니면 천사는 돕기 어렵다고 했다. 가령, '벤츠를 타고 싶다'는 소원을 이루어주면 실제로 행복해질 사람은 자신과 외제 차 딜러, 그리고 자동차 회사 정도다. 또 월수입 1000만 원이 소원이라면 그 소원으로 행복해지는 사람은 누구일까? 사랑하는 사람이 생기면 누가 행복해질까? 다시 말해 내 소원은 얼마나 많은 사람을 행복하게 하는가?

　많은 사람을 행복하게 하는 소원을 빌라는 것이 천사의 요구 사항이었다. 이것은 바로 자아를 뛰어넘어 누군가를 '위해서' 무언가를 바라는 것을 말한다.

　세계 최고의 경영자나 기업가도 자신만을 위해서 일하지 않았다. 모두 미담만 있는 것은 아니지만 결과적으로 매우 많은 사람에게 행복을 선사했다. 거기에 이미 자아는 없다. 누군가를 위해 비는 소원에는 자아를 뛰어넘는 힘, 다시 말해 우주의 힘이 숨어 있다. 그 힘이 소원을 실현으로 이끄는 것이다. 물론 누구나 대단한 기업가가 될 수는 없다. 자신의 능력에 맞는, 자신이 할 수 있는 범위 내에서 누군가를 위한 마음을 가지면 된다. 자식을 위해서, 아내나 남편을 위해서, 부모님을 위해서, 친구를 위해서, 고객을 위해서, 회사를 위해서면 된다.

　나도 그렇다. 자식을 위해서 열심히 일한다. 가족을 위해서 열심히 일한다. 독자 여러분을 위해서 열심히 글을 쓴다. 세미나 참가자들을 위해서 열심히 강연한다. 그렇게 열심히 일하다 문득 깨달았을 때 거기에 자아는 없다.

그 순간 우주의 무한한 에너지가 소원에 주입되어 급가속하며 실현을 향해 달려간다. 천사도 소원을 들어주기 위해 자신의 능력을 모조리 발휘한다.

결국 천사는 욕심쟁이다. 한 번에 가능한 한 많은 사람을 행복하게 하려고 하니까 말이다. 그러므로 여러분도 욕심쟁이가 되어야 한다. 작은 소원에 만족하는 것이 아니라, 많은 사람을 행복하게 하는 큰 소원을 이루려고 욕심을 부려야 한다.

잠재의식을 돌파하는 한마디

이번에는 소원이 실현되기 전후에 할아버지가 한 중요한 일 중에서 두 번째 행동, 소원이 실현된 후 '꼬마 요정들에게 옷과 신발을 만들어주었다'에 대해 이야기해보자. 할아버지는 구두를 판 뒤에 꼬마 요정들에게 옷과 신발을 만들어주었다. 감사하는 마음은 소원을 이루는 과정에서 매우 중요하다. 다시 말해 할아버지는 잠재의식에 감사한 것이다.

앞에서도 이야기했지만 잠재의식의 유일한 목적은 안심과 안전을 지키는 것이고, 잠재의식이 특히 꺼리는 것은 변화다. 그러므로 의식이 아무리 훌륭한 소원을 가졌다고 해도 그것이 일상에 변화를 불러오는 것이라면 잠재의식은 그 소원을 2만 배의 힘으로 저지한다. 이것이 바로 소원이 이루어지지 않는 가장 큰 이유다.

어느 마을에 혼기가 꽉 찬 아가씨가 살았다. 부모님에게 사랑을 듬뿍 받으며 자란 아가씨는 어느 날 같은 직장 동료에게 고백을 받고 이른바 사내 연애를 하게 되었다. 그런데 상대는 학창 시절 한때 불량소년이었다. 아직까지 그 시절의 면모는 남아 있지만 지금은 착실해서 아무런 문제도 없다. 두 사람은 평범하게 연애를 즐겼다.

이 상황을 가장 먼저 눈치챈 사람은 엄마였다. 어느 날 근황을 묻는 엄마에게 딸은 남자 친구의 과거를 솔직하게 말했다. 그러자 엄마는 딸의 교제를 완강히 반대했다. 엄마도 학창 시절 모범생이었기 때문에 한때 불량소년이었다는 점이 아무래도 마음에 걸렸다. 그 뒤로 엄마의 감시가 점점 심해졌고, 딸의 귀가 시간도 엄격하게 규제했다. 휴일에 딸이 친구들과 여행을 가려고 해도 지레짐작으로 의심해서 가지 못하게 막았다.

딸은 마음이 불편했고 엄마와의 관계가 점점 멀어질 뿐이었다. 그렇다고 집을 나와 애인과 함께 살 만큼 대담하지도 못했다. 딸의 연애를 탐탁지 않게 생각한 엄마는 무슨 일이 있을 때마다 '너를 위해서'라고 말하며 그 남자와의 교제를 막았다.

드라마에도 흔히 나오는, 충분히 있을 수 있는 이 이야기는 소원을 저지하는 메커니즘을 잘 보여준다. 엄마는 잠재의식인 셈이다.

이 경우 딸의 소원은 한때 불량소년이던 남자 친구와 계속 사귀는 것이다. 하지만 엄마가 방해한다. 딸은 차츰 '엄마만 없으면 잘 사귈 수 있을 텐데'라고 생각하기 시작할 것이다.

이 때 딸이 "내가 누구랑 사귀든 내 맘이야!"라고 대꾸하면 어떻게 될까? 엄마는 점점 더 고집을 부리며 교제를 반대할 것이고, 결국 모녀 관계는 더욱 나빠질 것이다.

하지만 엄마가 딸이 미워서 연애를 방해하는 것은 절대 아니다. 딸을 진심으로 아끼기 때문이다. 어쩌면 딸은 그저 연애를 즐길 뿐인데, 엄마가 괜히 편견에 사로잡혀서 혹여 딸이 결혼도

하기 전에 상처를 입고 버림받으면 어쩌나 걱정해서 그런 것일지도 모른다.

엄마에게 '한때 불량소년'이었다는 남자는 가정에 닥쳐온 변화를 의미한다. 그도 그럴 것이 그런 사람을 만나본 적이 없기 때문이다. 다시 말해 엄마라는 잠재의식은 어쨌든 변화를 막으려고 한다. 그래서 딸이 아무리 설득해도 들으려고 하지 않고 딸의 2만 배의 힘으로 저지하려고 한다. 이때 만일 딸이 엄마의 마음을 이해하고 이렇게 말한다면 어떨까?

"엄마, 저를 걱정해줘서 고마워요."

엄마는 허를 찔려서 할 말을 잃을지도 모른다. 그리고 이어서 이렇게 말한다.

"하지만 엄마도 그 사람을 만나보면 아실 거예요. 그 사람은 나를 소중하게 생각해요. 그 사람과 함께라면 틀림없이 행복할 거예요."

여기에서 엄마가 더 반박할 수 있을까?

"네 생각이 정 그렇다면⋯⋯"하면서 지금까지와는 반대로 남자 친구와의 교제를 응원해줄지도 모른다. 여기에서 가장 큰 포인트는 '고맙다'는 말이다. 다시 말해 감사하는 것이다. 엄마는 딸의 안심과 안전을 지키려고 반대했다. 딸이 그런 엄마의 마음을 이해하고 그것을 말과 태도로 보여준다면 정말로 딸을 걱정하는 엄마라면 더는 반대할 수 없을 것이다. 이것이 잠재의식의 메커니즘이다.

잠재의식은 늘 최선을 다해서 안심과 안전을 지키려고 애쓴다. 잠재의식에게 가장 위험한 존재는 변화이고, 그것이 아무리 바람직한 일이라도 잠재의식이 바라는 것은 지금 상태를 유지하는 것이다. 그러나 이와 같은 잠재의식의 임무는 감사로 인정받는 순간 완료된다.

잠재의식에 안심과 안전을 전하는 방법이 바로 감사다. 고맙다는 말은 곧 괜찮다는 뜻이다. 다른 사람이 친절을 베풀었을 때 고맙다고 인사하는 것은 '당신의 친절로 나는 괜찮아졌다'는 것을 의미한다. 또 남이 베푸는 친절을 거절할 때도 고맙다고 말한다. 이것은 당신의 친절을 받지 않아도 나는 이미 괜찮다는 의미다. 이로써 친절을 베푸는 사람의 임무는 끝이 난다.

소원을 이루는 메커니즘

당신의 소원이 실현되지 않는 것은 잠재의식이 착하기 때문이다. 다시 말하면 잠재의식이 당신을 사랑하기 때문이다. 당신을 위험에 처하게 하고 싶지 않고, 당신의 안전한 환경을 변화시키고 싶지 않은 것이다. 실로 사랑 그 자체다. 그 사랑에 응하려면 감사하는 수밖에 없다.

당신의 소원을 이루어주지 않는 것도 잠재의식이고, 이루어주는 것도 잠재의식이다. 당신을 사랑하기 때문에 처음에는 어떻게든 위험에 처하지 않게 하려고 최선을 다해 저지한다. 이때 당신이 잠재의식의 의도를 이해해주기만 하면 잠재의식은 긴장을 풀고 오히려 당신을 응원한다. 감사하는 마음을 전하는 것이다. 그러면 잠재의식은 힘을 빼고 릴랙스된다. 이것 역시 깨달음이고, 이때 비로소 진짜 소원이 이루어진다.

이 모든 메커니즘을 정리하면 다음과 같다.

소원을 명확히 한다

➡ 소원을 이루기 위해 강렬하게 집착한다(스트레스를 받는다).

➡ 힘이 빠질 때까지 집착한다.
 '~을 위해서' 라고 생각한다. 그리고 감사한다.

➡ 힘이 빠진다. = 깨달음(릴랙스한다)

➡ 소원이 이루어진다.

이제 깨달음을 목표로 해보자. 이것이야말로 소원을 이루는 우주의 법칙이다. 자, 이제 중요한 것은 실제로 지금부터 소원을 이루는 것이다.

제2장에서는 누구나 많은 소원을 이룰 수 있는 소원 실현의 비법을 이야기하고자 한다. 실천하려면 우선 이 메커니즘을 이해해야 한다. 이제 제1장의 내용을 모두 이해했다면 준비는 끝났다.

자, 이제 '소원을 이루는 사람'이 되기 위해 출발하자!

제**2**장

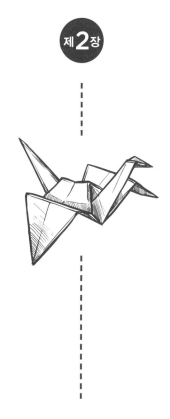

소원이
이루어지는
100일의 법칙

넉 달 만에 월수입 1000만 원이 넘은 남자

　제1장에서 깨달음의 메커니즘에 대해 설명하고, 깨달음을 목표로 하는 것이야말로 소원을 이루는 우주의 법칙이라고 이야기했다. 이제 깨달음의 메커니즘을 이용한 소원 실현의 비법을 말하려 한다. 그 비법은 매우 간단하다. 우선 내가 직접 소원 실현의 비법을 체험한 일부터 시작해보자.

　2005년 내가 회사를 그만두었을 때 수중에 있는 돈이라고는 30만 원이 전부였다. 게다가 자격증은 물론 능력도 연줄도 아무것도 없는 데다 재취업할 마음도 전혀 없었다.

　내게 있는 것이라고는 어떤 사람이 해준 말만 믿고, 마음만 먹으면 인생을 개척할 수 있다는 설렘뿐이었다. 거기다 지인한테 들은 한 가지 재미있는 이야기가 나를 버티게 했다. 그 역시 나처럼 아무것도 없었는데, 그렇게 빈손으로 시작해 고작 넉 달 만에 매달 1000만 원 이상의 수입을 얻게 되었다고 했다.

어느 날 친구 서너 명이 모여서 '너 진짜 대단하다, 부럽다'는 이야기를 하고 있을 때 그가 한마디 불쑥 내뱉었다.

"나 그거 아직도 계속하고 있어."

그것이란 예전에 그 자리에 있던 다른 친구들도 함께 들은 이야기였다. 하지만 다른 사람들은 그때나 지금이나 수입에 변화가 없고 그런 이야기를 들었다는 것조차 잊고 있었다. 그것은 어떤 성공한 사업가가 극비라며 알려준 방법이었다.

'소원을 날마다 종이에 열 번 쓴다.'

그는 종이에 날마다 열 번씩 '월수입 1000만 원을 넘었다'라고 쓴다고 했다. 물론 그뿐 아니라 성실하게 일했기 때문에 얻은 결과였겠지만, 겨우 넉 달 만에 그것을 꾸준히 실천한 사람과 그렇지 않은 사람의 명암이 갈렸다. 실로 놀라운 이야기였다.

100일 만에 일어난 놀라운 변화

나 역시 마침 회사를 그만두기 직전에 그 이야기를 들은 터라 '그래, 나도 한번 해보자!' 라고 결심했다. 그 결심이 회사를 그 만두기로 결정한 이유 중 하나이기도 했다. 회사를 그만두자마 자 서둘러 3주 정도 인도에 다녀왔고, 돌아온 그날부터 소원을 쓰기 시작했다.

"월수입 1000만 원을 넘었다."

어떻게 되었을까? 결론부터 말하자면 한 달 만에 쓰는 것 자 체를 포기했다. 당연히 1000만 원도 벌지 못했다.

똑같은 문장을 그저 열 번만 쓰는 것이니 시간으로 치면 겨우 2분 정도밖에 걸리지 않는 일이다. 이렇게 단순한 일인데도 한 달 만에 집어치우고 말았다. 텔레비전을 보거나 만화를 보거나 인터넷을 검색하는 일은 몇 시간이든 지치지 않고 365일 계속할 수 있는데 고작 1분이면 되는 일을 계속하지 못한 것이다.

할 수 있다고 굳게 마음먹었는데도 말이다.

앞에서 말한 지인은 꾸준히 그것을 실천했다. 반면 나머지 친구들은 처음에는 제대로 했을지 몰라도 나처럼 도중에 그만두었다.

그런데 그 후 나는 운이 좋은 건지, 기적이 일어난 건지, 그럭저럭 프리랜서로 먹고살았다. 월수입 1000만 원에는 훨씬 못 미쳤지만 월급쟁이 시절과 수입이 비슷했다. 그렇다고 해도 아슬아슬한 줄타기 생활에는 변함이 없었다.

그런 상황이 4년 정도 이어지고 2009년이 절반 정도 지났을 때 커다란 위기가 찾아왔다. 현금이 다 떨어져 카드빚으로 살게 된 것이다. 그때 문득 떠오른 것이 그때의 이야기였다.

'맞다. 매일 소원을 열 번씩 적고 넉 달 만에 월수입 1000만 원이 넘었다는 남자가 있었지. 나도 따라 해보다가 한 달 만에 그만두었지. 만일 넉 달 동안 계속한다면 어떻게 될까?' 지푸라기라도 잡는 심정으로 나는 그것을 다시 해보기로 했다.

다만 이번에는 이런저런 공부를 하고 있었고, 세미나와 코칭으로 몸에 밴 노하우도 있었다. 그것을 바탕으로 단순히 하루에 열 번 쓰는 방법에 조금 변화를 주었다. 나름대로 업그레이드된 비법이었다.

그리고 2009년 7월 1일부터 시작해서 정확히 100일 동안 하루도 쉬지 않고 계속했다.

그 결과는 어땠을까?

- 8월에 블로그 접속자 수가 3배로 늘었다.

- 9월, 10월에는 기획했던 고액 세미나가 모두 매진되었다.

- 9월에 마침내 월수입 1000만 원을 돌파했다.

- 10월 1일에 도서 출판을 결정했다(실제 발행은 12월 14일이었다).

- 수많은 멋진 만남을 가졌다.

드디어 나는 궁지에서 탈출했다. 그 후 밀린 카드빚도 모두 갚았고, 출판한 책은 출간 즉시 아마존 종합 1위에 올라 곧바로 추가 인쇄를 했다. 게다가 세미나와 코칭 사업도 순조롭게 돌아가기 시작했다. 기업과 상공회의소 등으로부터 강연 요청이 들어와 월수입도 2000만~3000만 정도가 되었다.

그렇다고 쉬지 않고 일만 하는 것은 아니다. 계절마다 가족과 여행을 다니고, 1년에 두 번은 정말 좋아하는 해외여행도 한다. 실질적으로 일주일에 2~3일만 일하면서 일과 가정의 밸런스와 행복을 모두 유지할 수 있게 되었다.

이렇게 된 전환점은 언제였을까? 틀림없이 2009년 7월 1일, '업그레이드 한 비법'을 시작했을 때였다. 돌이켜보면 그날부터 소원이 척척 이루어졌고, 지금은 바라던 일이 거의 다 이루어진 상태다. 그 후 나는 비법을 몇 번 더 업그레이드해서 좀 더 쉽고 확실한 방식으로 완성했다. 지금부터 그 비법, 즉 '소원을 이루는 비법'을 소개하려고 한다.

100일 만에 소원을 이루는 비법

지금부터 하는 이야기에 집중하기 바란다.

실천 6단계

1단계 | 필기도구와 이 책의 부록인 비법 노트를 준비한다. (필기
도구는 2색 볼펜, 비법 노트는 수첩 크기의 다른 노트로 대신
해도 된다.)

2단계 | 세 가지 소원을 정한다.

- 100일 후에 이루어질 것으로 정한다.

- 부정적인 말과 형용사는 사용하지 않는다.

- 완료형이나 진행형으로 한다.

- 소원은 각각 15~25자 사이로 한다.

- 자기 이외의 누군가가 행복해지는 모습을 머릿속으
로 그린다.

3단계 | 크게 숨을 들이마시고 잠시 참는다. 그사이에 첫 번째 소원을 세 번 쓴다. 그다음 크게 숨을 내쉰다.

4단계 | 다시 크게 숨을 들이마시고 잠시 참는다. 그사이에 두 번째 소원을 세 번 쓴다. 그다음 크게 숨을 내쉰다.

5단계 | 다시 크게 숨을 들이마시고 잠시 참는다. 그사이에 세 번째 소원을 세 번 쓴다. 그다음 크게 숨을 내쉰다.

6단계 | 마지막으로 릴랙스하면서 '고맙습니다'라고 한번 쓴다.

실천규칙

● 100일 동안 매일 밤 자기 전에 여섯 단계를 반복한다.
  (각 페이지에 날짜와 며칠 째인지 적어두면 좋다.)

● 각 소원을 쓸 때 전날 쓴 소원은 보지 않는다.
  (소원을 쓰는 표현은 매일 조금씩 달라져도 된다.)

● 정성껏 마음을 담아서 쓴다.
  (단, 한 번에 쓴다.)

● 깨달은 점이 있다면 노트 여백에 적어둔다.

3개의 소원
100일의 기적

비법 노트의 예

2020년 1월 1일   1일째

· 2020년 안에 월수입 500만 원을 넘었다.

· 2020년 안에 월수입 500만 원을 넘었다.

· 2020년 안에 월수입 500만 원을 넘었다.

· 올해 결혼을 전제로 사귀는 사람이 생겼다

· 올해 결혼을 전제로 사귀는 사람이 생겼다

· 올해 결혼을 전제로 사귀는 사람이 생겼다

· 2020년 여름에 애인과 미국 세도나에 갔다.

· 2020년 여름에 애인과 미국 세도나에 갔다.

· 2020년 여름에 애인과 미국 세도나에 갔다.

고맙습니다.

·

·

·

·

·

·

·

·

·

(빨간색으로 쓰는 것이 좋다.)

- 100일 이내에 한 가지 소원이 이루어졌다면 한 단계 더 나아간 소원으로 바꾼다.

- 소원이 이루어졌든 이루어지지 않았든 100일만 한다.
  (다음에 같은 소원을 다시 쓸 때는 100일 이상 간격을 둔다.)

- 하루도 빠지지 않고 쓴다. 만일 쓰는 것을 한동안 잊어버렸다면 처음부터 다시 한다.
  (깜빡하고 잠든 날이 있다면 다음 날 일어나서 1시간 이내에 쓰면 괜찮다. 단 세 번까지만.)

이론을 알고 나면 효과는 무한대

어쩌면 '이렇게 한다고 정말 소원이 이루어질까?', '대체 뭐가 비법이라는 거야?'라고 생각하는 사람이 있을지 모른다.

회사를 그만둔 후 정말로 가진 게 아무것도 없던 나는 이 비법을 터득하기 전까지 세간에 효과가 있다고 알려진 비법이란 비법은 모두 실천해보았다. 예를 들면 이런 거였다.

'보름달 빛에 통장을 비춰보면 여윳돈이 생긴다.'

'1달러 짜리 지폐를 지갑에 넣어두면 돈이 들어온다.'

'만트라(신비한 힘이 있는 문구. 원래는 〈베다〉성전 중 찬가─옮긴이)를 외면 부자가 된다.'

특히 돈에 관한 것이라면 닥치는 대로 따라 했다. 사실 모두 주술적인 것이어서 효과가 있었는지 없었는지는 모르겠다. 당시에 들은 이야기 중에는 전 재산과 맞바꾸어서 배워야 할 만큼 대단한 비법이라는 것도 있었다. 효과가 절대적이라고 했다.

술을 먹다가 그 비법이라는 것의 핵심을 살짝 물어봤더니 그게 어이가 없었다. 단, 그때 알게 된 사실은 어떤 방법이든 효과는 결국, 본인 하기 나름이라는 것이었다.

아무 위험부담도 없이 간단한 비법이라면 딱 그 만큼의 효과가 있겠지만 전 재산을 내놓을 정도의 각오로 실천하는 비법이라면 효과는 당연히 컸을 것이다. 내가 알려주는 비법도 틀림없이 전 재산을 내놓아도 아깝지 않을 정도의 효과가 있지만 여러분이 얼마나 단단히 각오하느냐에 따라 결과는 다를 것이다.

적어도 이 책을 구입하는 돈을 투자했으니 지금 그 출발선에 선 셈이다. 그래도 가능하면 전 재산을 내놓을 정도의 각오로 실천하기 바란다.

소원을 이루어주는 비법에 필요한 또 한 가지는 이해다. 사람을 움직이게 하는 원동력은 감정과 이론이다. 사람은 큰 기쁨이나 공포로 인해 솟구쳐 오르는 감정으로 움직인다. 또 논리적으로 정확히 이해했을 때도 움직인다.

내가 소개하는 비법에는 누구나 긍정하고 이해할 수 있는 이론이 있다.

지금부터 그 이론을 꼼꼼히 설명할 테니 부디 끝까지 읽어주기 바란다. 제대로 이해한 뒤 실천한다면 그 효과는 무한대가 될 것이다.

세 가지 소원을 정하는 이유 ①
★ 목표가 없으면 인생이 두렵다 ★

예전에 코칭을 시작하고 몇 달 뒤, 수행을 한다는 생각으로 '100명 무료 코칭'을 한 적이 있었다. 그때 나는 무서운 사실을 한 가지 알았다. 세상 사람 중에는 명확한 목표가 없는 사람이 많다는 것이다. 하루하루를 아무 생각 없이 사는 사람이 정말 많았다. 그들은 매일 판에 박힌 듯한 하루를 보내면서 그저 숨만 쉬고 있을 뿐이었다. 그러면서 늘 마음 한구석에는 막연한 불안과 불만을 품고 있었다. 돈 걱정, 건강 걱정, 인간관계 걱정, 결혼 걱정 등. 그렇다고 자신이 어떻게 하고 싶은지 명확하게 표현하지도 못했다.

어느 날 평소처럼 집단 활동에서 "3년 뒤에는 어떻게 살았으면 좋겠습니까?"라고 물었더니 대답하는 사람이 아무도 없었다. "좋습니다. 그럼 가령 경제적으로 자유롭고 싶다든지, 시간적 여유가 있으면 좋겠다든지, 뭐 그런 생각을 해본 적 없습니까?"라고 묻자, "아, 그럼 그걸로 하겠습니다"라는 대답이 돌아왔다.

이래서야 코칭을 한들 무슨 소용이 있을까. 안타깝지만 자기 인생은 스스로 결정해야 한다.

내 인생의 은인인 베스트셀러《영업맨들이여 절대 부탁하지 마라!》의 저자이자 영업의 신 가가타 아키라 선생에게 들은 이야기를 소개한다.

어느 마을에 소년이 살았다. 그들에게 장차 무엇이 되고 싶은지 묻자 한 아이는 의사, 한 아이는 경찰, 한 아이는 변호사, 그리고 마지막 아이는 모르겠다고 대답했다.

수년 뒤 그 마을에서 살인 사건이 일어났다. 의사가 살해되었는데, 곧바로 범인이 잡혀서 재판이 열렸다. 의사, 경찰, 변호사는 앞에서 꿈을 이야기한 소년이었고, 범인은 '모르겠다'고 대답한 마지막 소년이었다.

가가타 선생은 이 이야기를 읽고, 살면서 꿈이나 목표가 없다는 것이 얼마나 무서운 일인지 깨닫고 전율했다고 한다. 다시 말해 꿈이나 목표가 없는 사람이 장차 무엇을 할 수 있겠느냐는 것이다.

정신세계에 관한 책이나 그 분야의 글을 읽어보면 꿈이나 목표를 위해서 매달리는 사람을 한심하게 보는 듯한 내용이 자주 눈에 띈다. 흔히 그런 글을 쓰는 사람들은 '있는 그대로 살라'는 말로 시작해서 심하면 아무것도 하지 않고 '고양이처럼 살라'고 말하기도 한다.

그렇다면 고양이나 되라지! 주인에게 먹이나 얻어먹으면서!

솔직히 그건 아니라고 생각한다. 달관한 표정으로 "나는 꿈도 목표도 없습니다!"라고 말하는 사람을 보면 나는 이상하게 화가 난다. '그럼 어디 풀만 먹고 살아보시지!'하는 마음이 든다. 어쨌든 인간으로 태어난 이상 작더라도 꿈이나 목표, 소원이 있어야 훨씬 즐겁고 알차게 인생을 살 수 있다. 여러 번 말하지만 꿈이 없는 인생은 별볼일 없는 인생이라는 인증이다.

단, 소원이 있든 없든 평소에 생각하는 일이 100% 실현되는 것 역시 사실이다. 꿈도 목표도 없다고 말하는 자칭 달관자도, 의식하든 안 하든 인간인 이상 날마다 뭔가를 보고 생각하기 마련이다.

다음 문장을 한 번 보고 따라 해보자.

1. 눈을 감는다.

2. 방 안에 있는 빨간색 물건을 빠짐없이 생각해낸다.

3. 눈을 뜨고 방 안을 둘러보며 빨간색 물건을 확인한다.

눈을 뜬 순간 틀림없이 방 안의 빨간색 물건이 눈에 띄었을 것이다. 어쩌면 지금껏 눈치채지 못했던 빨간색 물건까지 찾아냈을지도 모른다. 이것이 인식의 힘이다. 사람은 아는 것만 보이고 늘 머릿속에 그리는 것만 실현한다.

아마존 오지의 원주민은 자동차 앞에 서 있어도 그것이 눈에 들어오지 않는다. 엄밀히 따지면 눈에 보이기는 하지만 애초에 자동차라는 개념이 없기 때문에 기억에도 남지 않거니와 만져보려는 마음도 없다. 그들에게 자동차는 현실에 없는 물건이니까. 마찬가지로 소원이라는 인식이 없으면 그것을 볼 수도 없거니와 만질 수도 없다. 그리고 현실이 되는 일은 영원히 없다. 반대로 평소에 소원을 간절히 열망하고 뜨겁게 이미지화하면 그

것이 어느새 현실이 된다. 정말 단순한 원리다.

그러니 우선은 소원을 글로 써서 인식하는 일부터 시작하자. 내용은 무엇이라도 좋다. 소원이나 목표를 세 가지 쓰면 된다. 목표의 규모나 쓰는 방법에 제한은 없다. 우선은 뭔가 쓰고 나서 진행해보는 것이다. 나중에 수정할 수도 있고, 또 읽으면서 수정해가면 내용이 좀 더 명확해져서 꿈을 이루는 속도도 빨라진다.

세 가지 소원을 정하는 이유 ②
★ 우주의 숫자로 기원하라 ★

이번에는 왜 세 가지 소원이어야 하는지 그 이유를 이야기해보자. 소원을 세 가지 정하는 것도 그렇고, 세 번 쓰는 것도 그렇고 모두 '3'이라는 숫자가 들어간다. 아마 '세 가지 소원'이라는 말은 옛날부터 자주 들었을 것이다. 이상하게도 소원이라고 하면 꼭 세 가지였다. 한 가지 소원이라는 말은 있어도 두 가지나 네 가지 소원이라는 말은 없다. 《알라딘과 요술 램프》에서도 그렇고, 《어리석은 소원》에서도 소원은 세 가지였다.

숫자 3의 별명은 '우주의 숫자'다. 이 세상을 만든 것이 3이기 때문이다. 만일 인류 최초의 남녀가 자식을 낳지 못했다면 우리는 지금 이 자리에 없을 것이다. 다시 말해 2는 그대로 있으면 소멸해버리지만 거기에서 3이 되면 비로소 성장과 발전을 이룬다. 그 덕분에 우리가 이렇게 잘 살고 있고 안정된 세상이 만들어졌다. 특히 세 가지 소원이라고 하면 어쩐지 기분 좋은 안정감이 느껴진다.

다음으로 소원을 세 번 쓰는 이유는 우리가 별똥별에 소원을 빌던 추억을 떠올리면 된다. 별똥별이 사라지기 전에 소원을 세

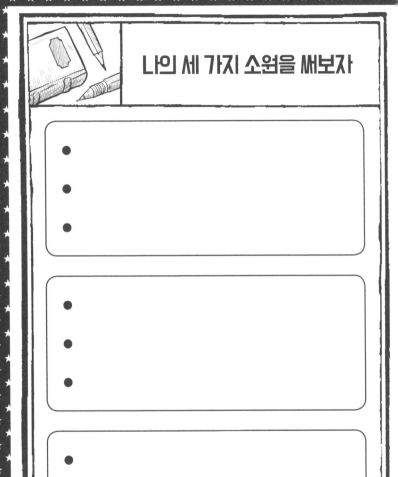

나의 세 가지 소원을 써보자

-
-
-

-
-
-

-
-
-

번 말하면 이루어진다는 이야기를 기억할 것이다. 이것 역시 단순한 옛날 얘기 같지만 이것이야말로 완벽한 진실이다. 하늘에서 떨어지는 별똥별을 볼 수 있는 시간은 불과 0.5초도 되지 않는다. 3초씩이나 걸려서 떨어지는 별이 있다면 나도 한번 보고 싶다. 그런데 0.5초 동안 소원을 세 번 말한다는 것은 아무리 말이 빨라도 힘들다. 하지만 별을 보는 순간, 즉각적으로 소원을 말할 수 있을 만큼 늘 마음속으로 빌고 있고 기억하는 소원이라면 오히려 이루어지지 않는 게 이상할 정도다.

별똥별이 아니어도 좋다. 까치가 깍깍 우는 동안이라도 좋고, 치마가 바람에 날리는 순간이라도 좋고, 신호 대기로 차가 멈췄을 때 눈앞에 폭스바겐이 지나가는 순간이라도 좋다. 느닷없이 '어떤 일'이 일어나는 순간에 소원을 세 번 말할 수 있을 정도로 늘 머릿속에 저장해두면 그 소원이 이루어지지 않을 확률은 태양이 서쪽에서 뜰 확률과 같다. 그 '어떤 일'은 직접 정해도 좋다. 어떤 일이 딱 일어나면 무의식적으로 세 번 소원을 말하는 것이다.

이런 까닭으로 소원을 세 가지를 정하고 각 소원마다 세 번씩
쓰는 것이 규칙이다.

부정어가 들어가면 절대 이루어지지 않는다

'지금보다 더 가난해지지 않기를'

'평생 독신으로 살지 않기를'

이런 식으로 소원을 비는 사람이 많다. 이른바 부정어가 들어
간 소원이다. 결론부터 말하면 이런 소원은 절대로 이루어지지
않는다. 오히려 부정하는 말 전의 '가난'과 '독신'이 이루어진다.
가령 다음의 문장을 읽어보자.

"UFO에서 내리는 외계인을 상상하지 마십시오."

여러분은 지금 분명히 UFO에서 내리는 외계인을 머릿속에 떠올렸을 것이다. 다시 말해 하지 말라고 부정적으로 말하면 들은 대로 하는 게 아니라 오히려 그 대상에 더 집중하게 된다.

"가렵더라도 코를 만지지 마세요."

지금 자기도 모르게 코를 만지려고 하지 않았는지? 만지지 말라는 소리를 들으면 들자마자 만지게 된다. 이처럼 부정어에는 대상을 지워버리기는커녕 강화하는 기능이 있다. 소원을 명확히 할 때도 마찬가지여서 부정어를 쓰면 역으로 그것에 집중하는 결과를 낳아 원치 않는 현실을 끌어당긴다.

어떤 절에 갔을 때의 일이다. 부처님을 모신 법당 벽에 이상한 종이가 붙어 있었다. 우연히 내용이 눈에 들어와 읽어보았더니 "아이가 학교에서 따돌림 당하지 않기를"이라고 쓰여 있었다. 글을 쓴 사람의 아이가 학교에서 따돌림을 당하고 있었나보다. 종이에 적힌 글을 보고 마음이 아팠다. 그 글을 보니 아이가 학교에서 따돌림 당하는 모습만 떠올랐기 때문이다. 이러면 아이가 학교에서 따돌림을 당하지 않으려고 행동해도 역으로 따돌림을 유발하게 된다. 부모가 아이에게 따돌림 당하지 말라고 아무리 말해도 아이는 더욱 강하게 따돌림 당하는 이미지를 강화해버리기 때문이다. 따돌림을 당하지 않으려면 구체적인 문제 해결책이 필요하다. 그리고 만일 소원을 빌고 싶다면 '학교에서 따돌림 당하지 않기를'이 아니라 '학교에서 즐겁게 지내기를'이라고 비는 편이 낫다. 여러분의 소원도 마찬가지다.

- 가난해지지 않기를 ➜ 부자가 되기를
- 평생 독신으로 살지 않기를 ➜ 결혼하기를
- 살찌지 않기를 ➜ 날씬해지기를/ 표준 체중이 되기를
- 미움받지 않기를 ➜ 사랑받기를
- 실패하지 않기를 ➜ 일이 잘 풀리기를

●긴장하지 않기를 → 마음 편히 먹기를

만일 소원에 부정어가 들어가 있다면 즉시 긍정적인 표현으로 바꿔쓰자.

'행복한', '즐거운'이라는 말은 망령과 같다

우리는 소원을 말할 때 흔히 형용사를 넣어서 문장을 만든다. 1년 뒤에 어떻게 살고 싶냐고 물어보면 '행복했으면 좋겠다', '즐겁게 지냈으면 좋겠다', '자유로웠으면 좋겠다'고 대답하는 사람이 많다. 모두 '행복하다', '즐겁다', '자유롭다'라는 형용사가 중심이다. 하지만 이런 표현은 소원이나 목표가 명확하지 않아서 잠재의식이 무엇을 어떻게 실현시켜야 할지 헷갈리게 만든다. 코칭 활동이라면 "여러분은 어떤 상황일 때 행복하다고 느낍니까?"라고 다시 물어서 명확하게 할 수 있겠지만 그렇지 않다면 형태도 없는 망령과 같은 소원을 따를 수밖에 없다.

그러므로 소원을 쓸 때 형용사가 떠오르면 그것을 동사나 숫자로 바꿔본다. 예를 들면, '행복한'이라는 형용사는 '애인이 생긴다'는 동사로 바꾸거나 '월수입이 1000만 원이 넘는다'처럼 수치로 표현하는 등 좀 더 구체적인 상황으로 쓰는 것이다. 이렇게 하면 잠재의식이 헷갈리지 않는다.

반드시 이루어지는 목표를 정하고 싶다면 다음의 SMART 모델을 기준으로 삼으면 좋다.

S : Special 구체적이다.

M : Measurable 측정 가능하다.

A : Achievable 달성 가능하다.

R : Reasonable 가치관에 부합한다.

T : Time 정해진 날짜가 있다.

3개의 소원
100일의 기적

- 2009년 안에 책을 내고 아마존 종합 1위에 오른다.

- 2009년 안에 월수입 1000만 원을 돌파한다.

- 2013년 안에 몸무게를 65kg으로 줄인다.

내가 실제로 썼던 세 가지 소원이다. 이 소원은 모두 이루어졌다. 이 세 가지 소원은 하나같이 구체적(S)이고 수치화되어 측정이 가능(M)하다. 또 노력하면 달성할 수 있다(A)는 생각이 든다. 가치관에 부합한다(R)는 말은 쉽게 말하면 '정말로 하고 싶은가?'로 바꿀 수 있다. 그리고 모두 날짜를 정해놓았다(T).

목표 설정에 관해서는 전문적으로 다룬 책이 많이 나와 있으므로 서점의 비즈니스 관련 분야나 자기 계발 코너에서 찾아보면 도움이 될 것이다.

지나치게 까다로우면 다음 단계로 나아가기 어려우므로 일단은 소원 세 가지를 정해서 쓴다. 이때 부정어는 사용하지 않고,

형용사도 되도록 쓰지 않으며, 가능하면 SMART 모델에 맞게 쓴다.

소원을 적을 때의 요령

여러분은 이제 세 가지 소원을 쓸 수 있을 것이다. 여기에 몇 가지만 덧붙이고자 한다.

첫째, 소원은 100일 이후에 이루어지는 것으로 정한다.

가령 10일 뒤에 치를 시험에 합격하기 위해서 비법을 실천한다 해도 그때까지 축적한 것이 없다면 이루기 어렵다. 100일 이내에 이루어지는 것이 아니라 100일 동안 훈련한다는 말이 정확하다. 새로운 피가 만들어지는 데에도, 피부가 재생하는 데에도 100일은 걸린다고 하니 소원을 잠재의식에 새겨 넣는 것도 그 정도 시간은 필요하지 않겠는가. 물론 100일 이내에 이루어지면 정말 좋겠지만 그렇다고 너무 초조하게 굴면 역효과가 날 수도 있다.

둘째, 소원을 쓰는 문장의 어미는 완료형이나 진행형으로 한다. 가령 "부자가 되기를"이라고 쓴다면 어떨까? 평범한 소원처럼 보이는 이 소원이 실현된다면 '부자가 되기를'이라는 상황이 실현되는 것이다. 이런 소원을 비는 이유는 그것이 이루어지지 않았기 때문이다 실제로 부자인 사람은 이런 식으로 소원을 빌지 않는다.

이미 포르쉐를 타는 사람은 마니아가 아닌 한 '포르쉐를 타고 싶다'고 말하지 않는다. 이미 결혼한 사람 역시 '결혼할 수 있기를'하고 바라지 않는다. 그러므로 '~하기를'과 같은 희망을 나타내는 어미는 바람직하지 않다. 소원이 이루어져야지 희망하는 상황만 계속 되어서는 의미가 없지 않나. 이럴 때는 '부자가 되었다'라고 쓴다. 마치 거짓말하는 것 같아서 마음이 불편하다면 '부자가 되고 있다'라고 진행형으로 써도 좋다. 거짓말이든 허풍이든 종이에 쓴 걸로 트집 잡을 사람은 없으니 '했다'처럼 완료형으로 쓰는 편이 가장 좋다. 하지만 그럴 배짱이 없다면 일단 진행형으로 써도 괜찮다.

셋째, 각 소원은 15~25자 이내로 정한다.

왜 그런지는 뒤에서 설명하기로 하고, 어쨌든 이 숫자를 기억하기 바란다.

넷째, 자기 이외의 누군가가 행복해지는 모습을 머릿속으로 그린다. 제1장의 '욕심 많은 꿈일수록 이루기 쉽다'를 떠올리기 바란다.

소원은 자아가 사라졌을 때 비로소 이루어진다. 그것을 위한 조건은 여러 가지인데, 타인의 행복을 빌어주는 것도 강한 자아를 약화시키는 데 도움이 된다. 다만 이것은 두 가지 의미에서 조금 위험하기도 하다. 자칫 본말이 전도된 상태에 빠지기 쉽다. '기부금의 10배가 수입으로 돌아온다'는 식의 주술적인 말을 진짜로 받아들여 경제적으로 힘들 때만 기부하는 것은 너무 자기중심적이다. 또 하나는 좋은 사람이 되고자 하는 폐해다. 다음 장에서 이야기하겠지만 좋은 사람은 기본적으로 소원을 이루는 힘이 약하다. 그러므로 넷째에 해당하는 말은 진심으로 타인의 행복을 빌 수 있는 사람만 하는 편이 좋다.

나라면 우선 아이, 가족, 그리고 가까운 사람의 행복을 빌겠다. 솔직히 지구 반대편에 사는 얼굴도 모르는 사람의 행복까지 생각하기는 어렵다. 그렇다고 전 세계인의 행복을 기원하는 사람을 나무라는 말은 아니다. 그냥 솔직한 것이 좋으니까.

핵심은 소원을 이루어주는 호흡법

이로써 일단 세 가지 소원은 정할 수 있게 되었다. 여러 번 이야기하지만 너무 까다롭게 정하지 않아도 된다.

그러면 이제 세 가지 소원을 글로 써보자. 문구 자체는 쓸 때마다 바뀌어도 괜찮다. 비법의 핵심은 바로 이것이다.

'크게 숨을 들이마시고, 잠시 참는다. 그사이에 첫 번째 소원을 세 번 쓴다. 그다음 크게 숨을 내쉰다.'

인간이나 동물이나 식물이나 모든 생명체는 호흡을 한다. 생과 사의 경계는 숨을 쉬느냐 아니냐로 나뉜다. 그래서 나는 늘 호흡의 질이 곧 인생의 질이라고 말한다. 동시에 인간에게 호흡만큼 특이한 행동도 없다. 태어난 순간부터 숨쉬기가 시작되고 이 세상을 떠나는 것과 동시에 숨쉬기도 끝난다. 이것은 모든 동물에 해당하는 것이지만 인간은 호흡을 자유롭게 조절할

3개의 소원
100일의 기적

수 있다는 점에서 매우 특이한 생물체다. 가령 오른손을 들어보라고 하면 아무렇지 않게 손을 든다. 하지만 심장을 멈추라든지 배에만 땀을 흘리라고 하면 그럴 수는 없다. 인도의 산속에 사는 요가 행자는 가능하다고 들었지만 나도 본 적은 없다. 다시 말해 인간이 스스로 조절할 수 있는 동작(맘대로근)과 의지대로 조절할 수 없는 동작(제대로근)이 있는데 재미있게도 호흡은 그 중간에 있다. 보통 무의식적으로 손을 계속 움직이는 일은 없지만 무의식 상태에서도 심장을 비롯해 다른 장기는 쉼 없이 움직인다. 그리고 의식해서 손을 움직일 수는 있지만 의식해서 심장을 멈출 수는 없다. 이에 반해 호흡은 무의식적으로 계속할 수도 있고 의식해서 멈추는 것도 가능하다. 다시 말해 호흡은 의식과 무의식의 가교라고 할 수 있다. 가령 긴장해서 굳어 있는 사람에게 아무리 긴장하지 말라고 해도 소용없다. 말하는 대로 된다면 힘들 이유가 없으니까. 하지만 긴장을 풀 수 있는 다른 방법이 있다.

'긴장하지 않은 상태'란 무엇일까? 그것은 호흡이 깊은 상태다. 긴장한 사람은 예외 없이 호흡이 얕다. 그러므로 긴장을 풀려면 심호흡을 하면 된다. 의식해서 숨을 깊이 들이마시면 무의식적으로 굳어버린 몸과 마음이 풀린다.

사실 인간의 상태는 긴장과 이완 두 가지밖에 없다. 다시 말해 스트레스 아니면 릴랙스다.

엄마 뱃속에서 양수에 둘러싸여 있을 때가 인간에게는 최고의 릴랙스 상태다. 그런데 세상 밖으로 나온 순간 갑자기 대기에 노출되면서 스트레스 상태에 놓인다. 어쨌든 숨을 쉬어야 하므로 우렁차게 울음을 터뜨리면서 외계에 순응하려고 한다. 차츰 외계에 익숙해지면서 릴랙스 상태를 되찾지만, 그러다가 배가 고프거나 기저귀가 젖거나 큰 소리에 놀라거나 불안해지는 등 스트레스를 받으면 다시 우는 상황을 되풀이하면서 성장해 간다. 그래서 평소에 스트레스가 많은 사람은 대개 호흡이 얕고 빠르다. 반면 마음이 안정된 사람은 호흡이 깊고 여유가 있다.

일설에 따르면 사람마다 평생 쉬는 호흡의 수는 정해져 있다고 한다. 호흡이 빠른 사람은 그만큼 호흡을 많이 소비하기 때문에 단명하지만 호흡이 느린 사람은 장수한다는 이야기다.

호흡은 인생의 전부다. 숨만 제대로 쉬어도 인생이 어떻게든 풀린다는 뜻이다. 건강도, 소원을 이루는 것도 호흡에 달렸다. 소원을 이루는 데에는 소원을 이루어주는 호흡이 있다.

완전한 릴랙스 상태

인간은 태어난 순간부터 스트레스를 받고, 또 사는 것 자체가 스트레스다. 하지만 스트레스는 성장에 중요한 원동력이 되기도 한다. 스트레스가 없다면 성장도 없으며, 성장과 스트레스는 늘 함께한다. 소원을 실현하는 원동력 역시 스트레스다. 따라서 가장 편한 것은 성장하지 않는 것이다.

정신세계 분야에서 유명한 '바샤르Bashar'라는 우주인이 있다. 바샤르는 다릴 앙카라는 사람과의 교신으로 사람들을 행복으로 이끄는 메시지를 보낸다고 한다. 바샤르의 신호 중에서 가장 유명한 키워드가 '가슴 뛰는'이다. 그는 이렇게 말한다.

"가슴 뛰는 일을 찾으면 꿈이 이루어진다."

바샤르의 메시지는 영어로 되어 있는데, 'excitement', 즉 '흥분'을 '가슴 뛰는'이라고 번역한 것이다. 확실히 뜻은 잘 전달된 것 같지만 그래도 엄밀히 말하면 조금 다르다.

브리지스Bridges라는 심리학자에 따르면 인간이 태어나는 순간의 감정은 흥분밖에 없다고 한다. 성장하면서 이 흥분이 '쾌'와 '불쾌' 그리고 좀 더 복잡한 감정으로 분화해가는 것이다. 흥분에 쾌와 불쾌가 있듯이 소원에도 늘 그 두 가지가 함께 존재한다.

'결혼하고 싶다'는 소원을 들여다보면 분명 그것은 쾌(가령 기쁨)지만 동시에 불쾌(가령 두려움)도 숨어 있다. 불쾌가 너무 강하면 그 소원은 이루어지지 않는다.

소원이 단순히 '가슴 뛰는 일(기쁨)'이라면 이루어지는 게 당연하지만, 그 이면의 두려움이나 불쾌한 감정이 제동을 건다. 말하자면 기쁨으로 인해 가속 페달을 밟지만 두려움이 그 이상의 세기로 제동을 걸고 있는 상태다. 이루어지지 않는 소원은 대개 이런 경우다.

그러면 소원을 이루려면 쾌를 강화하면 된다고 생각하기 쉬운데, 사실은 아니다. 흥분 안에 쾌와 불쾌가 있는 것이 아니라 애초에는 같은 것이어서 쾌를 강화하면 흥분 자체도 강해져 불쾌까지 강화된다.

그렇다면 소원은 어떤 상태에서 실현되는 것일까? 그것은 쾌도 불쾌도 아닌 상태다. 다시 말해 흥분도 하지 않고 당연히 스트레스도 없으며 완전히 릴랙스한 상태에서 바로 소원이 실현

된다. 하지만 그렇지 않은가. 그토록 결혼하고 싶다고 소원했지만 막상 결혼하고 나면 분명히 행복하기는 한데 매일 가슴 떨리고 설레는 것은 아니다.

'월수입 1000만 원이 넘고 싶다'고 바라는 사람도 마찬가지다. 실제로 수입이 1000만 원이 넘으면 특별할 것도 없다. 소원의 실현은 이런 것이다. 릴랙스, 다시 말해 깨달음이다.

꿈을 말할 때는 웃으면 안된다

소원이 눈앞에 있으면 아무래도 흥분해서 호흡이 얕아진다. 그 후, 호흡이 깊어졌을 때가 릴랙스이고, 그 상태에서 소원이 이루어진다. 다만 처음부터 릴랙스한다고 소원이 실현되는 것은 아니며 소원은 스트레스와 릴랙스의 세트로만 얻을 수 있다.

3개의 소원
100일의 기적

인간은 태어나기 전 양수 속에서 완전한 릴랙스 상태에 있다가 태어나는 순간에 스트레스를 받는다. 여기에 익숙해지면 다시 릴랙스하여 아기에서 한 단계 성장한다. 이처럼 스트레스와 릴랙스가 되풀이되면서 성장하고 차츰 변화해가는 것이다.

　크게 숨을 들이마시고 잠시 숨을 참는 동안에 첫 번째 소원을 세 번 쓴다. 그리고 크게 숨을 내쉰다. '숨을 참는 동안'이 스트레스이고 소원에 강하게 집중한 상태다. '크게 숨을 내쉰다'는 릴랙스해서 소원을 이룬 상태다.

　실제로 한번 해보자.

　숨을 참으면서 몸에서 힘을 뺄 수 있을까? 반대로 숨을 내쉬면서 몸에 힘을 줄 수 있을까? 불가능하다. 다시 말해 숨을 참으면서 릴랙스하는 것은 불가능하고, 숨을 내쉬면서 스트레스를 받는 것도 불가능하다. 소원하는 것은 스트레스이므로 바라는 순간에 호흡이 얕아지고 멎어버린다. 그것이 릴랙스로 전환되면서 소원이 이루어지는데 많은 경우 그 정도가 작다. 소원해

아기의 성장 단계

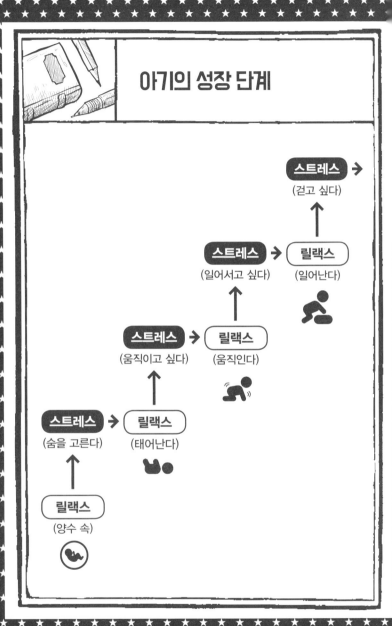

도 곧바로 스트레스를 약화시킨다.

세미나에서도 자주 하는 실험인데, 참가자에게 조금 큰 소원을 입 밖으로 말하게 한다. 그러면 대부분 소원을 말한 직후 '피식' 하고 웃어버린다.

"30억 원을 모았다. 피식."

"실은 아이돌과 사귑니다. 피식."

"월수입이 1000만 원이 되었습니다. 히히."

"내 애인은 아주 예쁜 영화배우를 닮았습니다. 하하."

왜 웃는 걸까? 그것은 소원을 말로 내뱉은 순간, 받은 스트레스에서 벗어나기 때문이다. 소원을 이루려면 에너지가 필요하다. 그 에너지는 모이면 모일수록, 압축하면 압축할수록 강해지고 실현을 향해 가속한다. 그러니 웃어버리면 안 된다. 이때는 호흡을 멈추는 것이 효과적이다.

세 가지 소원을 각각 세 번씩 종이에 쓰는 동안 숨을 참으면 글로 쓰는 동안 소원을 이루기 위한 에너지가 충전된다. 스트레스가 압축된다. 그랬다가 크게 숨을 내쉰다. 그러면 몸은 한껏 릴랙스되면서 글로 쓴 소원이 단숨에 잠재의식에 침투한다. 릴랙스 상태에서는 잠재의식이 놀랄 만큼 무방비 상태이기 때문이다.

어떻게 100일 만에 잠재의식이 달라질까?

모든 일이 그렇지만 한두 번 해서 이루어지는 경우는 없다. 의식보다 2만 배나 센 잠재의식에 소원을 침투시키려면 반복과 임팩트를 적절히 활용해야 한다.

물론 충격적인 체험을 하면 한 방에 침투시킬 수 있지만 그렇게 하려면 상당한 각오와 용기가 필요하다. 예를 들어 회사를

3개의 소원
100일의 기적

그만둔다든지, 이혼한다든지, 무일푼으로 외국에 나간다든지, 하룻밤에 3000만 원을 쓴다든지, 시내 한복판에서 춤추면서 노래를 부르는 것처럼 지금까지의 인생에서 절대 있을 수 없었던 일을 해야 한다.

하지만 비법은 그 정도까지 요구하지는 않는다. 평범할지 모르지만 여기서는 반복이 확실하다. 그러므로 우선은 이 비법을 100일 동안 계속한다. 100일은 약 3개월이다.

여기서도 3이라는 숫자가 나온다. 묵은 피가 새 피로 바뀌어 치료 효과가 나타나거나 피부 세포가 재생하기까지 걸리는 시간도 3개월이라고 한다. 다시 말해 3개월은 사람의 체질 자체가 바뀔 수 있는 기간이다.

제1장에서 잠재의식은 몸이라고 말했다. 체질이 달라질 정도의 시간인 100일 동안 세 가지 소원에 집중했는데 그것이 몸(잠재의식)에 침투하지 않았다면 그것이 오히려 이상하다. 이제 소원은 반드시 실현된다.

숨을 참고 소원을 이미지화하는 순간

사실 원래는 '숨을 크게 들이마신 뒤 숨을 참고 있는 동안 첫 번째 소원을 세 번 쓴다'가 아니라 '숨을 참고 있는 동안 소원을 이미지화한다'였다. 그 후 숨을 내쉬는 것은 똑같다. 그런데 이미지화하는 데 서툰 사람이 있고, '결혼하고 싶다'고 바라면서도 제대로 이미지화를 하지 못해 그 반대로 이미지화해버리는 사람이 있다. "평생 독신으로 사는 모습을 이미지화하지 마세요"는 말을 들은 것처럼 "가난하게 사는 모습을 이미지화하지 마세요"라는 말을 들은 것처럼 이미지의 세계에는 부정형이 없기 때문에 부정적인 생각에 사로잡힌 사람에게는 이미지화 자체가 역효과다.

그런데 글로 쓰는 것은 이미지화에 서툰 사람도 할 수 있다. 종이에 남은 글은 똑같기 때문이다. 더구나 소원을 글로 쓰는 동안 그 내용이 머릿속에 자연스럽게 그려진다. 하지만 원래는 이미지화하는 것이 글로 쓰는 것보다 더 좋다.

이 방법은 내 필생의 일이기도 한 폭포 수행을 하면서 떠올랐다. '아, 그래, 이것이 소원 실현의 보편적인 메커니즘이 아닐까?'라고 문득 깨닫고 즉시 블로그에 올렸다.

"숨을 참고 있는 동안 소원을 이미지화한다. 그리고 숨을 내쉰다. 그것이 소원을 이루는 절대 법칙이자 메커니즘이다."

블로그에 글을 올리자 독자들이 '아쿠유 씨가 했던 방법과 같네요'라며 메일을 보내왔다. 유명 작사가 아쿠유가 이 방법을 썼다는 것이다.

숨을 들이마시고 잠시 멈춘다. 숨을 참는 동안 음반이 잘 팔려서 돈이 많이 들어오는 모습을 이미지화한다. 마지막으로 숨을 내쉬고 생각을 지운다. 잊는다.

단지 이것뿐이다. 그는 이것을 습관적으로 계속했다. 이것을 하지 않았는데 노래가 히트한 적은 없었다고 한다.

정말 내가 폭포 수행 중에 깨달은 방법과 완전히 똑같았다. 그래서 이 방법으로 하면 정말로 되는구나 생각했다. 숨을 참고 있는 동안은 아까도 말했듯이 스트레스 상태다. 실로 엄청난 스트레스다. 숨을 안 쉬면 죽음과 직결되기 때문에 이보다 더 두려운 일은 없다.

가령 '월수입 1000만 원이 넘는다' 같은 소원에서 느끼는 공포보다 훨씬 크다. 독으로 독을 다스린다는 말은 아니지만 죽음과 직결되는 가장 강한 독을 주입하면 그 이외의 공포나 불안 따위는 별것 아닌 것이 된다.

'소원이 이루어지면 어쩌지', '지금과 달라지면 어쩌지'같은 스트레스도 죽는 것에 비하면 아무것도 아니다. 죽을 각오로 하면 안 될 게 없다는 말처럼, 잠재의식이 죽음과 직결될 정도의 스트레스 상태에서 소원을 이미지화하면 신기하게도 그 소원이

술술 이루어진다. 하지만 이미지화하는데 서툰 사람도 있으므로 글로 쓰는 방법으로 통일한다. '각 소원은 15~25자 사이로 한다'는 이유가 바로 여기에 있다. 숨을 참을 수 있는 동안 쓸 수 있는 글자 수가 15~25자이기 때문이다. 숨을 참는 시간이 너무 길어지면 잠재의식이 혼란스러워진다. 무슨 일이든 간결하고 단순한 것이 제일이다.

금메달리스트의 습관

'크게 숨을 들이마시고 잠시 참는다. 그사이에 첫 번째 소원을 세 번 쓴다. 그다음 크게 숨을 내쉰다'를 완벽하게 할 수 있게 되었다면 다음에는 어떻게 할까?

제1장에서 이야기한 〈꼬마 요정과 구둣방 할아버지〉에서 할

아버지가 꼬마 요정들에게 옷과 신발을 선물했듯이, 딸이 학창 시절 문제아였던 남자 친구와의 교제를 반대하는 엄마에게 고맙다고 인사를 했듯이 마지막은 감사로 마무리한다. 다시 말해 마지막 줄에는 '고맙습니다'라고 한 번 쓰면 된다.

잠재의식은 변화로부터 몸을 지키려고 한다. 그래서 2만 배의 힘으로 소원의 실현을 저지하는 것이다. 여기서 잠재의식에게 감사하면 그 사명은 완료된다. 마지막 줄의 '고맙습니다'라는 말은 잠재의식에게 감사함으로써 잠재의식이 변화를 받아들이게 하는 필수 사항이다.

2012년 런던 올림픽에서 한 일본 선수가 멋진 쾌거를 올렸다. 복싱 미들급에서 금메달을 딴 무라타 료타 선수였다. 아시아인은 서구인에 비해 몸이 작기 때문에 보통 낮은 체급에 출전을 한다. 따라서 중량급인 미들급에서 좋은 성적을 거두기란 매우 어려운 일이다. 무라타 선수가 금메달을 딴 후 선수의 집에 텔레

비전 카메라가 잠입해 촬영한 프로그램이 방영되었다. 그때 눈에 띈 것이 무라타 선수 아내의 흥미로운 습관이었다.

아내는 남편이 금메달을 따기 전부터 "금메달을 땄습니다. 고맙습니다"라고 쓴 종이를 냉장고에 붙여두고 부부가 소리 내어 읽었다. 다시 말해 미리 감사했던 것이다. 프로그램 리포터와 해설자도 놀라는 장면이 화면에 잡혔는데, 이는 정말로 이치에 맞는 습관이었다.

여기서 포인트는 '고맙습니다'라는 인사다. 스포츠 선수뿐만 아니라 누구에게나 자신의 이상적인 모습을 이미지화하는 것은 효과가 매우 큰데, 여러 번 이야기했듯이 이때 현실과 이상 사이에는 상당한 간극이 있다. 다시 말해 잠재의식이 이상에 저항하는 것이다. 그런데 그 저항을 고맙다는 말 한마디로 누그러뜨릴 수 있다. 물론 무라타 선수는 단순히 고맙다고만 말한 것이 아니라 평소에 피나는 노력을 했다. 하지만 미들급이라는 어려운 체급에서 전례 없는 금메달을 딴 것은 노력 이상으로 무언가가 크게 작용했기 때문이다. 그 무언가가 바로 잠재의식의 저항을 누그러뜨리는 감사의 말이었다. 모든 일이 노력을 기울여야 좋은 결실을 맺지만 여기에 감사하는 마음이 더해지면 천하무적이 된다.

노력과 감사는 차의 양쪽 바퀴와 같다. 아무리 뛰어난 비법이라도 날마다 소원을 잠재의식에 새겨 넣더라도 성실한 실천과 노력이 따르지 않는다면 소용없다는 것을 기억하기 바란다.

잠들기 전에 쓰는 습관의 놀라운 효과

비법은 시간을 정해놓고 쓰는 것이 좋다. 가장 좋은 시간을 잠들기 전인데, 이유는 두 가지다. 하나는 리듬이 생긴다는 것이다. 잠재의식은 리듬으로 정착한다.

알람 없이도 매일 아침 5시에 눈을 뜨는 사람이 있다면 기상 시간을 리듬으로 기억하고 있기 때문이다. 할 일이 어지간히 많지 않은 한 사람은 밤이 되면 잠을 잔다. 그러므로 자기 전에 쓰면 습관으로 정착시키기 쉽다.

또 한 가지 이유는 잠재의식이 자는 동안 활동하기 때문이다.

의식과 잠재의식은 동시에 활동하지 않는다. 낮에 의식이 활동하고 있을 때 잠재의식은 안심과 안전의 기능 유지로 일관한다. 반면 의식이 잠든 동안 종종 불가사의한 일이 벌어진다.

가령 잠들기 전에 생각한 일이 꿈속에 연속해서 나타나기도 하고 꿈에서 좋은 아이디어가 떠오르기도 한다. 또 비법을 꾸준히 실천하다 보면 반드시 체험하게 되는 것이 있다. 꿈속에서 소원의 주인공이 되는 순간을 맞는 것이다. 정말로 신기한 체험이다. 나도 책 출판을 소원할 때, 어느 날 서점에 내 책이 진열되어 있는 꿈을 꾸었다. 또 렌터카를 타고 멋진 섬을 일주하고 싶다는 생각을 했더니, 역시 그런 꿈을 여러 번 꾸었다. 그리고 실제로 그곳에 가게 되었다 .

정몽(正夢, 사실과 일치하는 꿈)이나 역몽(逆夢, 사실과 반대인 꿈)이 있는지는 모르겠지만, 낮 동안 어떤 일에 신경을 쓰면 종종 그 상황이 꿈속에서 나타나 현실 세계에 영향을 주는 일이 자주 있다.

만약 비법을 쓰기 시작하고 나서 그 내용이 꿈에 나타났다면 실현이 상당히 가까워졌다고 생각해도 좋다. 빙그레 혼자 웃어도 된다. 다시 강조하건대 꿈의 효과를 이끌어내기에 가장 좋은 시간대는 바로 잠들기 전이다.

글귀는 조금씩 바뀌어도 좋다

비법의 법칙에 따라 소원을 쓸 때, 전날 쓴 소원은 보지 않는다. 그리고 소원을 적는 글귀는 매일 조금씩 달라져도 좋다.

가령 첫날 '2020년까지 애인이 생겨서 청혼 받았다'라는 소원을 썼다고 하자. 다음 날 똑같은 내용을 쓰더라도 전날 쓴 문장을 보고 쓰면 안 된다. 똑같이 쓰면 단순한 베껴 쓰기가 되어버려 의식과 잠재의식의 회로가 연결되지 않는다. 그러므로 다음 날 쓸 때는 전날 쓴 내용을 생각하면서 머리에 떠오르는 대로 쓴다. 글귀가 다소 바뀌어도 괜찮다. 어쩌면 약간 바뀌는 쪽이 자연스럽다. 그만큼 잠재의식이 소원을 받아들일 상태가 갖춰지기 때문이다.

● 2020년 안에 좋아하는 사람이 생겨서 청혼받았다.

- 2020년 크리스마스는 멋진 남자랑 함께 보냈다.

- 2020년 안에 임신을 해서 속도위반으로 결혼했다.

　이렇게 조금씩 달라져도 괜찮다. 내용의 큰 흐름에서 변함없지만 글귀는 그날그날 기분에따라 조금씩 달라진다. 물론 완전히 똑같아도 문제는 없지만 베껴 쓰는 것은 안 된다.

　마지막으로 '글자 수는 15~25자 사이'라고 제약을 두었지만 쓰다가 길어지는 것은 상관없다. 숨을 참고 있는 동안 쓸 수 있으면 된다. 다만 숨 쉬기 힘들다는 이유로 대충 쓰는 것은 안 된다. 잠재의식은 빨리 쓰는 것 따위는 상관하지 않는다. 오히려 얼마나 정성껏 쓰느냐가 중요하다. 잠재의식에 진정 원하는 그 마음을 꽂는다는 느낌이 중요하다. 숨쉬기 힘들어도 마음을 집중할수록 잠재의식에 깊이, 정확히 침투한다.

하늘의 목소리를 절대 놓치지 않는 습관

비법 노트에 '세 가지 소원 × 세 번 + 고맙습니다'를 날마다 꾸준히 실천하면서 가능하면 노트를 최대한으로 활용한다.

세 가지 소원을 쓰다 보면 신기하게도 '그 소원을 이룰 수 있는' 이치가 눈에 보일 때가 있다. 보통은 갑자기 알아차리게 되는데, 정말로 찰나이므로 소원을 쓰는 도중이라도 즉시 노트 여백에 적어두어야 한다. 빨간색 펜으로 쓰면 나중에 알아보기 쉽다. 훗날 그 메모를 보고 '맞아, 그때 이런 생각이 떠올랐지'하며 놀라는 일도 종종 있다.

이때의 알아차림을 '번뜩임'이나 '영감'이라고도 하는데, 나는 '하늘의 목소리'쯤으로 생각한다. 아무리 머리를 쥐어짜도 좀처럼 좋은 아이디어가 나오기 어려울 때는 역시 2만 배로 힘이 센 잠재의식에게 물어보는 것이 제일이다. 다만 잠재의식은 의식이 활동을 멈춘 동안 아주 잠깐만 활동하기 때문에 그 때를 놓쳐서는 안 된다.

'세 가지 소원 × 세 번'을 실천하는 중이 아니더라도 밥을 먹거나, 길을 걷거나, 목욕을 하거나, 화장실에 있거나, 그런 사소한 순간에 알아차리고는 잊어버려서 정말로 중요한 정보를 놓쳐버린다. 그러므로 하늘의 목소리를 재빨리 알아차리려면 노트를 가지고 다니다가 즉시 메모하거나, 휴대전화에 적어두거나 녹음해두는 습관을 들인다. 메모한 것은 나중에 노트에 옮겨 적는다. 이렇게 하는 것만으로 실현의 달인이 될 수 있다.

100일이 지나면 노트는 빨간색의 하늘의 목소리로 가득할 것이다. 이것은 구글로 검색해도 나오지 않는, 이 세상에 하나뿐인 나만의 비법서다. 이렇게 했는데도 소원이 이루어지지 않는다면 오히려 그것이 이상하다.

다만 하늘의 목소리에 정확히 따라야 한다. 다시 말해 노트에 적은 것을 제대로 실행해야 한다는 뜻이다. 가령 내 노트 어느 한 페이지에는 빨간색으로 '매일 청소하라'고 적혀 있다. 어질러진 방을 반나절을 투자해 대청소했더니 그 후 일과 명상이 순조롭게 잘 풀렸다. 역시 하늘의 목소리는 그대로 정확히 따라야 한다.

100일 내에 소원이 이루어졌다면

100일 이내에 몇 가지 소원이 이루어지기도 한다. 그럴 때는 소원의 기준을 높이든지 새로운 소원으로 바꾸어도 좋다. 단, 소원이 이루어지든 이루어지지 않든 100일이 되면 멈춘다(다시 소원을 쓰기 시작할 때는 100일 이상 간격을 둔다)는 규칙은 반드시 지켜야 한다. 100일 동안 썼다고 모든 소원이 100일 이내에 이루어지는 것은 아니다. 이루어지든 이루어지지 않든 100일 동안은 쓴다. 그리고 100일이 되면 중단한다. 소원을 까맣게 잊고 살다 보면 어느 날 갑자기 이루어진다.

비법과는 별도로 나는 2007년 결혼한 그날부터 '부부, 가족의 열 가지 소원'이라는 것을 매년 적고 있다. 아내와 이야기를 나눈 뒤 앞으로 1년 이내에 이루고 싶은 일을 열 가지 쓰는 것이다. 수입이든 건강이든 육아든 내용은 무엇이든 상관없다. 열 가지 소원을 쓴 종이를 봉투에 넣어 봉인하고 1년 뒤에 꺼내본다. 1년 쯤 지나면 무슨 소원을 썼는지 내용이 거의 기억나지 않는다. 1년 뒤에 꺼내서 읽어보면 평균 70퍼센트는 이루어져 있곤 한다. 그리 나쁘지 않은 결과다.

그리고 봉투를 개봉한 날 다시 새로운 소원 열 가지를 적어서 봉인하고 다음 해에 다시 개봉하고, 또 소원을 적어서 봉인한다. 이 작업을 6~7년 계속했더니 놀랍게도 첫해에 적었던 소원은 모두 이루어졌다.

2007년이면 아직 생활에 여유가 없을 때라 '연봉 2억 원'은 아득히 먼 꿈같은 얘기였지만 그 소원 역시 이루어졌다. 정말로 내가 그런 소원을 썼다는 사실조차 까맣게 잊고 지냈는데, 하지만 그랬기 때문에 소원이 이루어진 것이다.

비법 역시 100일 동안 썼으면 중단한다. 그리고 썼다는 사실조차 잊어버린다. 모든 것을 우주에 맡기고 지내다 보면 신기하게도 소원이 이루어진다. 그리고 다시 새롭게 쓰고 싶어지면 100일 정도 시간을 두었다가 쓴다. 100일이 지나서 새로운 마음으로 비법을 100일 동안 실천하면 된다. 이런 식으로 반복하는 것이다. 그리고 비법을 꾸준히 실천해서 노트가 여러 권 모였다면 옛날 노트를 읽어보는 것도 좋다. 아마 깜짝 놀랄 만큼 많은 소원이 이루어졌다는 사실을 깨달을 것이다. 정말이다.

100일 동안의 스트레스가 폭발하며 소원이 이루어진다

이 비법은 어쨌든 매일 쓰는 것이 절대 조건이다. 하루도 건너뛰면 안 된다. 그런데 만일 어쩔 수 없는 사정으로 그냥 잠들어버렸다면 어떻게 해야 할까? 술을 많이 마셔서 인사불성인 채로 잠드는 날도 있으니까. 사실 타협하고 싶지 않지만, 다음 날 아침에 일어나서 1시간 이내에 쓰면 괜찮다. 단, 세 번까지다. 세 번을 넘기면 처음부터 다시 시작해야 한다.

기본적으로는 자기 전에, 하루도 빠짐없이 쓴다. 잠재의식은 리듬이 중요하다고 말했는데, 날마다 쓰는 리듬이 도중에 깨져버리면 전체가 무너진다. 하루의 실수가 계속 꼬리를 잡고 흔들어서 결국 큰 차이를 만들어버리는 것이다. 리듬이 깨졌다면 처음부터 다시 시작한다. 그런 만큼 절실한 마음으로 하길 바란다.

날마다 쓴다는 것이 간단해 보이지만 매우 힘든 일이다. 해보면 안다. 겨우 1분 정도 걸리는 작업이지만 이게 상당한 스트레스다. 이 스트레스가 중요하다. 100일만 하면 일단 해방되는데 스트레스가 많이 쌓일수록 에너지도 압축되어 릴랙스했을 때 폭발력이 엄청나다. 이것이 깨달음이고 그렇게 해서 소원도 이루어지는 것이니 우선 100일 동안 열심히 해보자.

지금까지 비법을 실천하는 방법과 그 이치를 설명했다. 너무 쉽게 느껴질지도 모른다. 할 수 있다는 자신감도 생겼을 것이다. 하지만 정말로 이 비법을 꾸준히 실천하는 사람은 아주 적다. 하루 1분의 작업인데도 중간에 포기하는 경우를 더 많이 봤다. 왜 계속하지 못하는 걸까? 사실 여기에는 큰 이유가 있다. 그 이야기는 다음 장에서 하기로 하자.

어쨌든 착실히 하면 마법처럼 소원이 착착 이루어질 테니 즐거운 마음으로 시작하자. 무슨 일이든 기쁨과 즐거움, 희망이 중요하다.

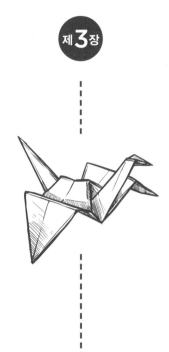

제 3 장

인생을
바꾸는
우주의 법칙

효과 최강인 비법의 유일한 약점

비법의 실현 능력은 실로 엄청나다. 하루 1분씩 100일 동안만 계속해도 소원이 이루어지고 인생이 급격히 풀린다. 앞날이 활짝 열리는 것이다. 게다가 소원을 이루는데 드는 비용은 이 책과 노트와 볼펜이 전부다. 나도 싸구려 노트와 볼펜으로 월수입 2000만 원을 넘겼으니 얼마나 투자 효율이 좋은지는 말할 필요도 없다.

물론 집에 틀어박혀서 노트에 쓴다고 다 되는 것은 아니다. 당연히 소원을 이루는 데 도움이 될 만한 행동을 해야 한다. 하지만 같은 행동이라도 이루고자 하는 목표가 없으면 실천이 어렵다. 반대로 목표가 뚜렷하면 잠재의식은 그곳을 향해 나아갈 수밖에 없어서 자연스럽게, 그것도 잊고 사는 동안에 이루어진다는 것이 내 이론이다. 고성능 내비게이션이라고 생각하면 된다. 목적지를 설정하면 잠시 길을 잘못 들 수 있어도 결국 도착할 수 있게 안내해준다.

그런데 이렇게 간단하고, 돈도 거의 들지 않고, 효과도 뛰어난 비법인데 이상하리만치 계속하지 못한다. 아니, 애초에 계속하기가 어렵다. 아마 이 책을 읽는 독자 중에는 '나는 그렇지 않아! 이렇게 간단하고 쉬운 방법을 계속하지 못할 이유가 없지'라고 생각하는 사람도 있을 것이다. 그래도 나는 단언한다.

계속하지 못한다.

내가 지금까지 지켜본 결과 100명 중 3명만 계속해도 놀라운 결과였다 그리고 당연한 말이지만 그 세 사람은 실제로 꿈을 이루었다. 무엇보다 이 책을 읽을 만큼 감도가 뛰어난 안테나를 장착한 사람이라면 성공 사례가 조금 더 늘어날 수도 있겠다. 10명 중 한 사람만 계속해도 굉장한 거다. 설마라고 생각할지 모르겠지만 해보면 안다.

100일을 채우지 못하는 세 가지 이유

이렇게 간단한 방법을 계속하지 못하는 이유는 세 가지다.

● 소원을 이룰 이유가 없기 때문.

● 변화가 두려워서 잠재의식이 거세게 저항하기 때문.

● '소원은 이루어지지 않는다'는 믿음 때문.

먼저 '소원을 이룰 이유가 없기 때문'에 관해서 생각해보자. 새삼스럽다고 느낄 수도 있지만 사실은 매우 중요한 문제다. 예를 들면 '월수입 1000만 원'이라는 목표를 세웠다고 해도 애초에 왜 1000만 원이어야 하는지 이유가 명확하지 않기 때문에 계속하지 못하는 것이다. 하지만 1000만 원이 없으면 최저 생계도 힘든 지경인 사람은 열심히 할 것이다.

제2장에서 이야기한 것처럼 나는 2009년 7월부터 '업그레이드한 비법'을 100일 동안 계속했다. 이때 아무런 저항도 없이 계속할 수 있었던 것은 생활이 위태로웠기 때문이다. 그만큼 목표를 이룰 이유와 동기가 명확했다. 요컨대 '정말로 그 소원을 이루고 싶은가?'라고 되물어보면 된다. 진심으로 그렇다면 계속할 것이고, 그렇지 않다면 계속하지 않을 가능성이 크다.

두 번째 '변화가 두려워서 잠재의식이 거세게 저항하기 때문'에 대해 이야기해보자.

비법의 효과가 뛰어날수록 변화는 필연적이다. 여러 번 이야기했지만 안심과 안전을 제1 목적으로 하는 잠재의식은 변화를 싫어하고 현상 유지를 선호한다. 그러므로 잠재의식은 비법으로 변화, 그러니까 소원 실현이 가까워질수록 그것을 멀어지게 하려고 애를 쓴다. 그런데 비법이 귀찮아지거나 의심이 싹트기 시작하면 그것이 오히려 기회가 된다. 그것이야말로 변화의 조짐이니 이런 의심이 들수록 소원의 실현이 가까워지는 것이다.

이렇게 중간에 그만두는 이유를 객관적으로 알아두기만 해도 불쑥불쑥 나타나는 잠재의식의 저항에 휩쓸리지 않게 된다. 이 것은 비법뿐만 아니라 다이어트, 운동, 공부, 일찍 일어나기처럼 일상생활에서 겪는 일에서도 마찬가지다. 어떤 일에 자극을 받아서 한 결심이 2~3일은 쉽게 가지만 꾸준히 지속하기는 매우 어렵다. 오죽하면 작심삼일이라는 말이 있을까.

한번 하겠다고 결심한 일인데 도저히 계속하지 못할 때 누구든 곧바로 자기 상황에 맞는 이유를 찾아낸다. '아무래도 아닌 것 같다', '지금은 때가 아니다', '계속할 수 없다는 걸 알게 된 것만으로도 다행이다', '해보지 않으면 모른다' 등등 실로 다양한 변명을 쏟아낸다. 그런 변명은 모두 '잠재의식이 저항하기 때문'에 생겨나는 것이다.

이처럼 머리로만 이해해도 쓸데없는 생각을 하지 않고 일정

기간 동안은 계속할 수 있다. 다만 세상에는 그렇게 머리로 이해하고 대처할 수 없는 사람도 있다. 정말이지 심하다 싶을 정도로 계속하지 못한다. 겨우 하루 1분인데도 도저히, 도저히, 도저히 계속할 수 없다면 그것은 바로 '소원은 이루어지지 않는다'는 마음 때문이다. 이것이 중간에 그만두는 세 번째 이유다. 그런 마음이 소원이 이루어지는 것을 허락하지 않는 것이다. 만일 이런 상황에 있다면 소원을 이루어주는 강력한 도구인 비법을 계속 실천할 수 없다.

우주가 우리에게 기대하는 것

소원은 이루어지지 않는다는 믿음을 정신세계 분야에서는 '빌리프belief'라고 부른다. 157쪽에 이것을 그림으로 나타냈다.

3개의 소원
100일의 기적

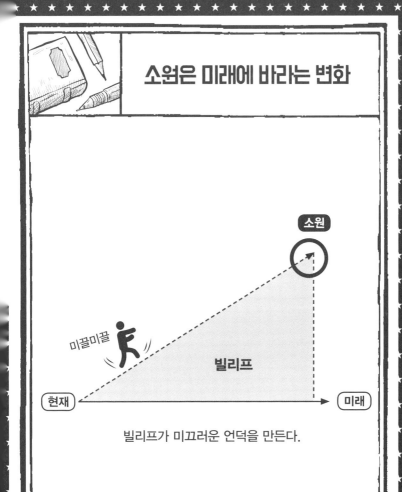

소원은 미래에 바라는 변화

미끌미끌

소원

빌리프

현재

미래

빌리프가 미끄러운 언덕을 만든다.

소원이란 미래에 바라는 변화다. 그곳을 향해 언덕을 오르면 언젠가는 도착, 다시 말해 소원을 실현할 수 있는데, 이 언덕을 오르는 일이 만만찮다. 미끌미끌한 언덕을 아무런 장비도 없이 오르는 것과 같다. 그런데 이 언덕을 만들고 있는 것이 바로 실현을 멀어지게 하는 빌리프다.

사실 이 우주에서는 어느 것 하나도 예외 없이 늘 질량이 일정하다. 요컨대 일정한 에너지를 얻으면 그에 상응하는 에너지를 방출해야만 한다. 이 에너지에 해당하는 것이 행동이다.

지구는 행동의 별이고, 우주가 유일하게 우리에게 기대하는 에너지가 바로 행동이다. 우주에 '월수입 1000만 원'을 요청했다면 그에 걸맞는 에너지, 즉 행동을 보여주어야 한다.

인간을 제외한 모든 동물은 본능에 따라 정해진 대로 살아간다. 하지만 인간은 의식이 본능을 지배하기 때문에 자신의 삶을 스스로 결정해야 한다. 이것이 인간 세계에 차이가 생기는 이유인데, 그렇다고 '준 에너지와 받은 에너지는 늘 일정하다'는 우주의 법칙에서 벗어나지는 않는다 그러므로 어떤 소원이든 그 소원에 걸맞는 에너지 등가의 행동을 해야 한다. 따라서 소원이 실현되지 않는 사람은 늘 '행동<소원' 방정식을 따르고 있는 것이다.

소원을 실현하려면 '소원=행동'이어야 한다. 따라서 소원이 실현되지 않는 사람은 소원과 행동 사이에 간극이 있다. 그 간극, 즉 공백은 그냥 내버려둬도 메워지는 성질이 있다.

예를 들어 1만 피스짜리 직소 퍼즐이 있다고 치자. 열심히 맞췄지만 조각이 하나 모자란다. 겨우 사방 2센티미터짜리 조각 하나 빠졌는데 그로 인해 전체 퍼즐에 구멍이 생겼다. 당신이라면 이 퍼즐을 방에 걸어둘까? 보통은 걸지 않는다. 제조 회사에 요청해서 퍼즐 조각을 다시 받아 끼워 맞춰 벽에 걸든지, 그것이 불가능하다면 서랍에 처박아둘 것이다. 기분이 좋지 않을 테니까.

그렇다. 인간은 공백이 생기면 굉장히 불안해진다. 이는 미지

우주의 에너지는 항상 일정하다

우주는 소원에 걸맞는 에너지를 요구한다

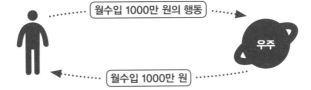

월수입 1000만 원의 행동

월수입 1000만 원

우주

★ 가령 '월수입 1000만 원이 소원이라면 그에 걸맞은 에너지(=행동)을 보여줘야 한다.

소원과 행동 사이에 공백이 있으면 어떻게든 메우려고 한다

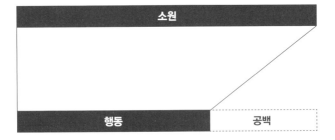

소원

행동

공백

의 것, 알 수 없는 것에 대한 두려움 때문이다. 사람들은 왜 도깨비를 무서워할까? 그것은 도깨비가 위해를 가해서가 아니라 위해를 가할지 모르기 때문이다. 요컨대 알 수 없기 때문에 두려운 것이다. 하지만 정체를 알면 아무것도 아니다.

여담이지만 나도 어렸을 때 유령을 자주 보았는데, 그 정체를 알고 난 뒤로는 보이지 않았고, 당연히 무서워하지도 않았다. 그 정체란 '왠지 기분 나쁜 감각'이 시각화된 것이었다.

인간에게는 '미지未知'를 '기지旣知'로 만들고 싶어 하는 성질이 있고, 그 원천은 미지(공백)에 대한 불안함이다. 그런데 소원과 행동 사이에 공백이 있으면 보통은 무슨 수를 써서라도 그 공백을 메우려고 한다. 또는 소원을 하향 수정해서라도 '소원=행동'으로 만들려고 한다.

그런데 여전히 '행동 < 소원'인 채 소원을 이루지 못한 상태에서도 아무렇지 않게 지내는 사람이 많다. 왜 그럴까? 그것은 공백을 메우는 다른 재료가 있기 때문이다. 그 재료란 무엇일까?

실패하는 방법은 단 하나뿐이다

　세상에 성공한 사람이 100명이라면 성공의 이유도 100가지다. 일찍 일어났기 때문에 성공했다고 말하는 사람이 있는가 하면, 주로 한밤중에 아이디어가 떠올라 한 번도 일찍 일어난 적이 없다는 사람도 있다. 밥을 굶는 것이 다이어트의 성공 비결이라는 사람이 있는가 하면, 아침부터 고기를 먹어서 성공했다는 사람도 있다. 하루 4시간만 자고 오랜 시간 일하는 것이 성공 조건이라는 사람이 있는가 하면, 밤에 8시간, 낮에 1시간씩 잠을 자는 것이 중요하다는 사람도 있다.

　인터넷을 정복하는 것이 성공의 지름길이라는 사람이 있는가 하면, 컴퓨터를 만져본 적도 없는데 성공한 사람도 많다.

　이렇듯 세상에 넘쳐나는 성공 법칙, 성공 비결은 대부분 제각각의 내용은 물론이고, 성공한 사람이 성공한 뒤에 만든 이론이어서 무엇 하나 확실한 것이 없다. 그에 반해 성공하지 못한 사람의 이유는 오직 하나다.

무적의 실패 법칙이라 해도 좋을 만한 그것은 바로 '변명'이다. '월수입 1000만 원'이라는 소원을 이루지 못하는 변명으로는 다음과 같은 것이 있다.

'사실 돈이 그렇게까지 많이 필요하지는 않다.'

'힘들게 고생하면서까지 돈에 얽매이고 싶지 않다.'

'점을 보니까 지금은 때가 아니라고 한다.'

'월수입 1000만 원이 되면 친구를 잃는다더라.'

'능력, 학력, 경험이 없기 때문에 나한테는 무리다.'

'주위에 월수입 1000만 원인 사람이 없으니까 나도 좀 어렵지 않을까?'

이처럼 온갖 변명으로 공백을 메운다. 그러나 위에 나열한 예는 모두 본래는 거짓말이고 합리적이지 못하다. 이와 같은 변명에 대해서는 다음과 같이 간단히 반문할 수 있다.

- 사실 돈이 그렇게까지 많이 필요하지는 않다.
  → 진심으로 그렇게 생각할까?

- 힘들게 고생하면서까지 돈에 얽매이고 싶지 않다.
  → 월수입 1000만 원인 사람이 모두 힘들게 돈을 벌까?

- 점을 보니까 지금은 때가 아니라고 한다.
  → 당신의 인생을 점으로 결정할 텐가?

- 월수입 1000만 원이 되면 친구를 잃는다더라.
  → 누가 그렇게 말하는데? 근거는?

- 능력, 학력, 경험이 없기 때문에 나한테는 무리다.
  → 그런 조건 없이도 부자가 된 사람이 얼마나 많은데?

- 주위에 월수입 1000만 원인 사람이 없으니까 나도 좀 어렵지 않을까?

→ 찾아보지 않아서 모르는 게 아닐까?

이런 식으로 모든 변명에 하나하나 반문하다 보면 '어쩌면 월수입 1000만 원이 가능할 수도 있겠다'며 행동에 나서게 된다. 다시 말해 소원과 직결되는 행동으로 공백을 메워가는 것이다. 이처럼 변명을 제거하는 것은 모든 소원에 유효하다. 거꾸로 말하면 소원을 실현하는 사람은 변명하지 않는 것은 물론이고 애초에 변명 따위가 없다. 그러므로 소원이 실현되지 않고 목표를 달성하지 못해서 고민이라면 일단 자기 자신에게 이렇게 반문해보는 게 좋다.

'그 소원을 방해하는 변명은 무엇인가?'

아마 많은 변명이 쏟아져 나올 것이다. 하지만 변명 중 대부분은 '태양이 동쪽에서 떠서 서쪽으로 진다'는 차원의 진실에 비하면 극히 단순한 것이다. 다시 말해 전부 거짓말이다. 그 변명에 일일이 거짓말이라는 증명을 해보면 벌써 소원이 이루어진 것 같은 기분이 든다. 이때 변명이라는 이름의 빌리프가 사라지는 것이다.

167쪽의 그림처럼 변명이 사라지면 소원을 향해 힘들게 올라갈 필요도 없고, 거침없이 실현에 도달한다. 아니, 그보다 저절로 실현되므로 그저 소원을 '끌어당긴다'고 할 수 있다.

소원을 이루지 못하는 사람들의 공통점

비법을 계속해서 실천하려면 소원 실현을 방해하는 변명을 미리 찾아내 하나하나 없애야 한다. 그러면 소원이 실현된다. 그런데 사실은 계속하지 못하는 더 큰 이유가 있다. 169쪽의 그림을 보자. 소원은 어디까지나 미래의 것이다. 미래를 향해 가다가 중간에 변명을 만나서 앞으로 나아가지 못할 때가 있다.

변명이 사라지면 소원이 이루어진다

소원

끌어당긴다

거침없이

현재 ――――――――――――→ 미래

빌리프가 사라진다

변명

그러므로 변명을 제거하면 수월하게 도달한다.

그런데 아예 처음부터 나아가지 못하는 사람이 있다. 이런 사람의 이유는 심각하다. 대부분 자각하지 못하고 있지만 굳이 말하자면 '애초에 소원은 이루어지지 않는다'라는 깊고 깊은 믿음이다. 트라우마라고 해도 좋다.

머리로는 적극적으로 소원을 이루겠다고 생각해도 몸(잠재의식)이 받아들이지 않는다. 소원을 이루었다고 해도, 비법을 계속하고 있다고 해도 그림처럼 우선은 트라우마 차원에 있는 빌리프를 걷어낼 필요가 있다. 그렇게 해야 비로소 잠재의식도 소원을 향해 나아갈 마음이 생긴다. 그러면 어떻게 해야 심각한 빌리프를 걷어버릴 수 있을까?

가장 먼저 이해가 중요하다. 왜 '애초에 소원은 이루어지지 않는다'는 빌리프를 가지게 된 걸까? 그 빌리프는 169쪽의 그림처럼 과거에 만들어진 것이다. 태어나서부터 15세 무렵 사이에는 그 후의 인생을 좌우할 만한 깊은 빌리프, 인생의 각본이 만

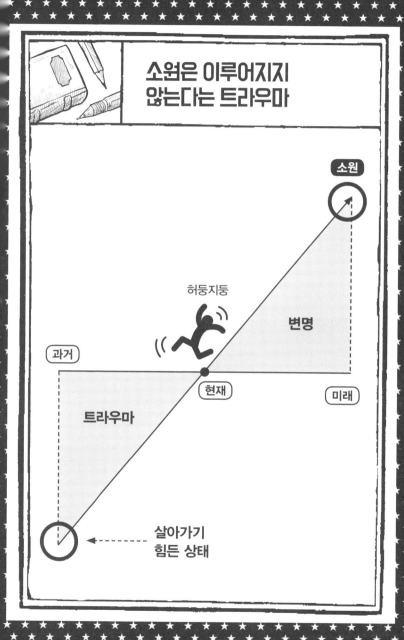

들어진다. 그러면 누가 그 빌리프, 인생의 각본을 만드는 걸까? 직접적인 요인은 부모를 비롯한 주변 환경이다.

"너 같은 애는 태어나지 말았어야 해."

"네가 태어난 뒤로 나는 자유가 없어."

"오지 마! 저리 가!"

"아들이었으면 좋았을 텐데."

"누굴 닮아서 이렇게 못생겼니."

"형답게 똑바로 해!"

"이번 시험에서 100점 못 받으면 저녁 안 준다."

"어차피 너는 해도 안돼!"

"우리 집은 돈이 없으니까 사달라고 하지 마!"

"너는 뭘 해도 안돼."

유소년기에 이런 말을 자주 듣고 자란 사람이라면 어떨까?

트라우마를 걷어버리면
힘든 상태에서 탈출할 수 있다

앞으로!

과거 ———————————————— 미래

빌리프가 사라진다

트라우마

○ ◄-------- 힘든 상태에서의
탈출

이런 말 속에 담긴 '너는 가치가 없다'는 공통된 메시지가 의식에 각인된다. 그 가치는 '살 가치가 없다', '본연의 가치가 없다', '성공할 만큼의 가치가 없다'는 식으로 이어진다. 이처럼 자신의 존재에 대한 가치를 부정당하면 당연히 소원을 이루는 것에서도 가치를 느끼지 못한다. 따라서 비법도 오래 계속하지 못한다.

이 세상에 가치 없이 태어난 사람은 단 한 명도 없다. 정말 아무 가치가 없다면 처음부터 태어나지 않았을 것이다. 결국은 성장 과정에서, 특히 유소년기에 본래의 가치를 빼앗기고 잃어버리는 것이 문제였다.

소원을 이루려면 분노가 필요하다

인간이라면 누구나 존재 가치가 있다. 이것은 소원 실현을 위해서는 물론이고 풍요롭고 즐겁게 살아가기 위해서도 빼놓을 수 없는 요소다. 그런데 왜 이처럼 중요한 것을 잃어버리는 사람이 있을까? 여기에도 안심과 안전을 향한 잠재의식의 강한 욕구가 숨어 있다. 가치를 빼앗긴 채 성장한 사람은 어렸을 적 가치를 빼앗은 사람과의 사이에 어떤 거래가 있었다고 추정할 수 있다. 빼앗은 사람은 주로 부모(그 밖에 가족, 선생님, 친구 등인 경우도 있다)다. "너 같은 애는 태어나지 말았어야 해"라는 말을 듣고 자란 사람은 애초에 우주에서 부여한 존재 가치를 빼앗기는 대신 잠재의식이 원하는 안심과 안전을 받아들인 것이다.

존재 가치는 누구에게나 똑같이 존엄한 것이므로 빼앗아서도 빼앗겨서도 안 된다. 만일 누군가 내 가치를 훼손하려고 한다면 어떻게 대처해야 할까? 이때 필요한 감정이 바로 분노다. 분노는 자기에게 소중한 것을 지키기 위해서 꼭 필요한 감정이다. 그러므로 누군가 소중한 자신의 가치를 빼앗으려 할 때 보통은 분노로 방어할 수 있다. 하지만 빌리프가 형성되는 유소년기에 부모와 자녀 사이에는 힘이라는 면에서 엄청난 차이가 존재한다. 분노는 상대를 공격하는 에너지이지만 압도적으로 힘이 센 부모 앞에서는 무용지물이다. 왜냐하면 부모에게 화를 내며 공격하면 그보다 몇 배로 강한 보복이 되돌아오니까. 그리고 생존의 위협을 받게 되니까. 그래서 잠재의식은 스스로 '안심과 안전'을 지키기 위해서 화를 내는 대신 가치를 내놓는 것이다. 이렇게 해서 나는 가치가 없다는 믿음, 그리고 분노를 봉인한 채 어른이 된다.

"아들이었으면 좋았을 텐데"라는 말을 듣고 자란 여성도 마찬가지다. 태어난 순간부터 "또 딸이야……"라는 실망에 가득 찬 부모의 말을 들으면서 자란 여성은 자신의 '있는 그대로의 가치'를 거부당했다. 본래는 그 순간 분노를 표출해 자신의 가치를

3개의 소원
100일의 기적

되찾아야 하지만 역시 압도적으로 힘이 센 부모를 이길 수 없다. 그래서 분노를 드러내지 않은 채 있는 그대로의 자신을 내주고 만 것이다.

"너는 뭘 해도 안돼"라는 말을 듣고 자란 사람은 할 수 있다는 가능성을 빼앗긴 채 성장한다. 원래는 부모에게 능력과 가능성을 인정받고 그것을 원동력으로 소원을 이루는 것은 물론, 성장하는 즐거움을 느끼며 살아야 하지만 안타깝게도 그것을 부모가 빼앗아버렸다.

원래는 빼앗기는 순간 화를 내서 자신을 방어해야 하는데, 역시 아이에게 절대적인 존재인 부모 앞에서는 어려운 일이다. 분노를 안으로 삼키고 안심과 안전을 얻는 대신 자신의 가능성을 내주는 수밖에 없다. 힘의 차이가 너무 큰 상대 앞에서는 분노를 드러내는 일이 너무도 위험하다. 따라서 분노를 참고, 살아가는 데 중요한 '존재 가치'를 내준다. 그 결과 소원을 이루지 못하는 어른이 되어버리는 것이다.

분노가 당신의
가치를 지킨다

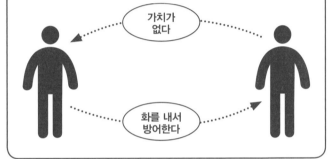

★ **일반적인 경우**

가치가 없다

화를 내서 방어한다

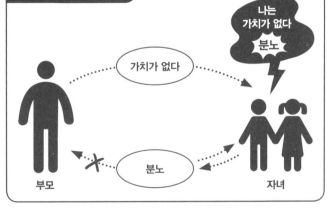

★ **부모와 자녀 사이**

가치가 없다

나는 가치가 없다

분노

분노

부모

자녀

자신의 가치를 잃어버린 사람들

반면 심각할 정도로 가치를 빼앗긴 채 자랐음에도 오히려 그 상황을 발판 삼아 열심히 노력하고 더욱 창조적인 활동으로 성공한 사람도 있다.

자신이 가치가 없다고 생각하는 사람은 대체로 인생에 쉽게 절망하고, 그렇게 인생을 흘려보낸다. 하지만 힘든 환경을 딛고 일어서는 타입은 '나는 가치가 없다'는 생각 자체에 반항한다.

그래서 주위 사람들에게 자신의 가치를 인정받는 것을 인생의 가장 큰 목표로 삼고 활동 범위를 넓힌다.

일본 가수 야지와 에이키치가 그렇다. 그는 부모의 이혼으로 경제적으로 매우 힘든 소년 시절을 보냈다. 하지만 그 가난을 원동력으로 오로지 유명해지는 것을 목표로 해서 멋지게 성공했고, 자타가 공인하는 슈퍼스타가 되었다. 어쩌면 그는 자신의 가치를 무조건 인정해주어야 마땅한 부모에게 버림받았지만, 유명인이 되는 것으로 빼앗긴 가치를 되찾으려고 했을지 모른다. 그리고 소원대로 젊은 나이에 유명해졌다. 그렇다면 그는 정말 행복했을까? 자신을 바보 취급하던 동급생과 친척들에게는 복수를 했지만 그것으로 자신의 가치를 완전히 회복했을까?

에이키치는 스타가 되고 난 뒤, 동료에게 사기를 당해 300억 원이나 되는 빚을 떠안게 되었다. 분명 필사적인 노력으로 잠시나마 풍요로움을 손에 넣을 수는 있다. 하지만 아직 몸 저 깊은 속에 '나는 가치가 없다'는 빌리프가 남아 있다면 잠재의식은 그것을 증명하려고 움직이기 시작한다. 에이키치의 경우는 그것이 무리한 빚이었다.

특히 그는 슈퍼스타인 만큼 떠안은 빚의 액수도 어마어마했다. 그때 에이키치는 눈앞이 깜깜했다고 한다. 보통 사람이라면 그 일로 극단적인 생각을 했을지도 모른다. 하지만 그는 이후 보란 듯이 빚을 다 갚았고, 지금은 노년이 된 나이임에도 여전히 가수로서 왕성한 활동을 하고 있다. 틀림없이 본래의 가치를 되찾은 것이다.

반대의 이야기도 있다. 짧은 생을 마감한 가수 오자키 유타카의 경우다. 소년 시절의 따돌림을 비롯해 학교라는 제도권 생활에 잘 적응하지 못한 그는 이러한 경험을 원동력으로 뛰어난 작품을 탄생시켰다. 하지만 그는 환경 자체가 아니라 자신의 마음, 다시 말해 빌리프에서 자유롭지 못했다. 그런 그의 자유를 향한 마음이 작품에 반영되어 동시대 사람들에게 공감을 받았고, 학교를 졸업한 뒤 경제적으로도 자유로워졌다. 그러나 그것으로 자신의 빌리프가 해결된 것은 아니어서 정신은 여전히 자유롭지 못했다. 그는 그것을 증명이라도 하듯 가장 극단적인 선택을 해버렸다. 어쩌면 이것은 나의 지나치게 자의적인 해석일지도 모르겠다.

슬픔, 두려움 그리고 분노

안심과 안전을 지키기 위해 분노를 봉인하고 자신의 가치를 내주고 살아온 사람들, 그들은 소원을 이루기를 포기해야 할까, 아니면 가치를 되찾기 위해서 자신에게 상처를 주더라도 열심히 살아야 할까? 어느 쪽이든 사는 것은 힘든 일이다. 사는 것만으로도 고통스럽다. 이는 단순히 정신적인 면뿐만 아니라 현실이라는 면에서도 큰 영향을 미친다. 제2장에서 이야기했듯이 애초에 인간의 감정은 흥분에서 시작해 쾌와 불쾌로 분화한다. 그리고 거기에서 다시 네 가지 감정으로 가지를 뻗는다. 인간의 네 가지 기본 감정인 기쁨, 분노, 슬픔, 두려움이다.

기쁨은 삶의 윤활유로 꼭 필요하다. 분노는 현재에 중요한 것을 지키는 데 필요하다. 슬픔은 과거에 잃어버린 것을 극복하는 데 필요하다. 두려움은 미래의 위험으로부터 자신을 지키는 데 필요하다. 모든 감정이 꼭 있어야 하고, 중요하기 때문에 기본으로 갖추고 태어나는 것이다. 흔히 분노, 슬픔, 두려움은 부정적인 감정이라고 여기기 쉽다. 하지만 결코 부정되어서는 안 되는, 인간으로서 살아가기 위해, 나답고 즐겁게 살기 위해서는 없어서는 안 되는 감정이다. 그런데 우리 사회에서는 분노, 슬픔, 두려움 중에서 특히 분노는 드러내지 않는 편이 좋다는 인식이 있다. 남 앞에서 분노를 표출하는 것은 보기에도 좋지 않고, 때로는 남에게 상처를 주거나 자신이 상처를 입기 때문이다.

행운을 가로막는 원인

분명 일상생활에서 분노는 밖으로 드러내지 않는 편이 좋을 때가 많다. 그리고 특히 어려서부터 분노를 드러내지 않도록 교육받은 사람은 어른이 된 뒤에도 화를 잘 내지 못한다. 그래서 분노가 생길 때마다 그냥 마음에 담아둔다. 이렇게 차곡차곡 쌓인 분노는 어떻게 될까?

몸에 쌓인 분노는 다음과 같이 두 가지 영향을 미친다.

- 분노를 증명해 보일 현실을 끌어당긴다.
- 다른 사람에게 향해야 할 분노가 자신에게 향한다.

앞에서도 여러 번 이야기했듯이 잠재의식은 바로 몸이다. 다시 말해 몸이 감정을 기억하고, 잠재의식이 현실을 끌어당긴다. 그렇기 때문에 '잠재의식=몸=감정'이다.

'끌어당김의 법칙'이 생각대로 작동하지 않는다면 그 원인은 이렇다. 머리로는 하고 싶다고 생각해도 몸이 기억해버린 감정이 그 소원을 방해해 역효과가 나는 것이다.

가령 결혼하고 싶다고 생각(의식=머리)해도 감정(잠재의식=

몸)이 거부반응을 일으킴으로써 '역시 불가능한 일'이 되는 것이다. 그만큼 감정의 힘은 절대적이다. 이미 이야기했듯이 사고의 2만 배니까. 그리고 사람은 늘 무의식적으로 어떤 감정을 품고 사는데, 그중에서도 네 가지 기본 감정이 강력하게 현실에 영향을 미친다.

기쁨이 크면 당연히 현실도 기쁨으로 가득 차지만, 분노가 봉인된 채로 마음 밑바탕에 깔려 있다면 그 감정이 그대로 현실이 되어버린다. 다시 말해 분노를 증명해 보일 현실을 끌어당기는 것이다. '왠지 화나는 일이 많다', '나만 불행하다', '운이 나쁘다'는 생각이 자주 든다면 원인은 모두 몸에 쌓인 분노에 있다. 그것이 바로 끌어당김의 법칙이니까.

이와 함께 중요한 것을 지키는 데 꼭 필요한 공격 에너지가 타인이 아닌 자신을 향해 칼끝을 거누는 일이 있다. 그래서 자신에게 상처를 입힌다.

원인을 규정할 수 없는 난치병 환자들을 살펴보면 그 원인에 분노가 숨어 있는 경우가 많다. 고통스러운 삶을 해결하기 위한 키포인트 역시 분노이기 때문이다. 다시 말해 분노를 해방시키는 것이야말로 빼앗긴 가치를 되찾고, '애초에 소원은 이루어지지 않는다'라는 믿음을 없애버리는 계기가 된다. 분노는 봉인이 아니라 분출시켜야 한다.

진짜 감정에 충실해야 한다

내가 정신세계에 관한 공부를 하면서 가장 엉터리라고 생각한 것도 이 부분이었다. 보통 영적인 사람, 정신성이 높은 사람, 파동이 높은 사람, 달관한 사람은 '화를 내지 않는다', '슬퍼하지 않는다', '두려워하지 않는다', '언제나 빙긋이 웃는다'는 등 오해들을 한다.

몸에 분노가 쌓이면 불행을 부른다

분노를 증명해 보일 현실 = 불행

불행을 끌어당겨 자신을 공격

분노를 분출시켜 해방

인간의 감정은 단순하지 않기 때문에 물론 그저 '화내면 된다', '슬퍼하면 된다', '두려워하면 된다'는 뜻이 아니다. 개중에는 화가 나도 화를 내면 안 된다는 교육을 받은 탓에 울기만 하는 사람도 있다. 이런 유형은 여성에게 많다. 또 울면 안 된다고 배워서 슬픈데도 화만 내는 사람도 있다. 이런 유형은 남성에게 많은데, 문득 떠오른 사람이 유명한 만담가였던 고 요코하마 야스시다.

그는 늘 화를 냈다. 아무리 화를 내도 성에 차지 않은 것 같았다. 하지만 지금 생각해보면 사실 화를 낸 게 아니라 쓸쓸해서 그랬던 것 같다. 그는 매일 밤 제자나 동료들을 집으로 불러서 반은 강제적으로 함께 밥을 먹었다. 어느 날, 제자 한 명이 밥을 먹다가 문득 시계를 보았다. 야스시는 그 모습에 격노했다.

"뭐야, 시계를 왜 봐!"

사실 이것도 화가 난 것이 아니라 다들 시간이 늦었다는 것을 알아차리고 그 자리를 떠날까 봐 두려워서, 혼자 남는 것을 걱정했기 때문이다. 아내도 도망가고 만담을 같이 하던 파트너와 헤어져 좋아하는 만담도 못하게 된 그는 상실감이 컸다. 이때 상실감을 극복하려면 슬픔이라는 감정이 필요한데 그는 좀처럼 울지 않았다. 남자로서의 자존심이 그것을 허락하지 않았고 대신 언제 어디서나 화를 폭발시키는 것으로 감정을 해소했다. 사실은 슬펐지만 그 감정을 마비시키기 위해 알코올에 의존했고, 결국 간경화로 젊은 나이에 세상을 떠났다. 과음이 죽음의 원인이었지만, 만일 생전에 누군가 "많이 슬프시죠?"하며 그를 이해해주었더라면, 소리 내어 울고 슬픔을 분출했더라면 알코올에 대한 의존이 줄었을지 모른다.

어쨌든 감정은 결코 단순하지 않다. 위의 사례처럼 그저 거짓 감정을 표출하는 사람도 많지만 진짜 감정에 충실한 순간, 본래의 인생을 되찾아 진정으로 자기답게 살게 된다.

깨달은 사람에 대한 오해

내가 좋아하는 이야기가 있다.

옛날에 유명한 좌선의 대가 밑에 제자들이 많았는데, 그 제자 중에 '고구마 할멈'이라고 불리는 깨달음을 얻은 나이가 많은 비구니가 있었다.

어느 날 고구마 할멈이 아끼던 손녀딸이 어린 나이에 세상을 떠났다. 고구마 할멈은 손녀딸의 관에 매달려 통곡을 했다. 어찌나 슬프게 우는지 그 모습을 보다 못한 한 사람이 이렇게 말했다.

"고구마 할멈, 그렇게 울면 어렵게 얻은 깨달음이 무슨 의미가 있겠수?" 그러자 고구마 할멈이 대답했다.

"손녀가 죽었는데도 울지 않는 깨달음이 있단 말이요. 내가 흘리는 것은 보통 눈물이 아니야. 진주 눈물이라고!"

소중한 사람을 잃었을 때는 그저 하염없이 슬픔의 눈물을 흘린다. 있는 그대로의 감정에 솔직한 것, 이것이 깨달음이다.

마찬가지로 소중한 것을 빼앗기면 화를 내도 된다. 뭔가 걱정스러운 일이 있다면 두려워해도 된다. 감정을 죽이고 늘 방긋방긋 웃을 필요는 없다. 그것은 깨달음도 뭣도 아니다.

정신세계에 관심 있는 많은 사람들이 깨달음을 오해한다. 게다가 깨달은 사람은 감기에 걸리지 않는다. 돈 욕심도 없다. 섹스도 하지 않는다. 욕심도 없고 부처님처럼 언제 어디서나, 누구에게나 웃는 얼굴이라고 생각한다.

그들은 심지어 그렇게 되려고 노력하고, 다른 사람에게도 그렇게 하라고 요구하기도 한다. 나도 언뜻 보면 정신세계 분야(실제로도 어설픈 정신세계 분야라고 할 수 있지만)인 '우주와 사이좋게 지내기'라는 블로그를 운영하고 있는데 나는 화나는 일이 있으면 곧바로 글로 써서 올려버린다.

한번은 시사 뉴스를 보고 나서 '○○당 ○○의원은 명청하다'

고 신나게 떠들었더니 사람들이 욕을 해댔다. 또 어떤 모임에서 나를 화나게 하는 녀석이 있어서 살짝 공격했더니 '그릇이 작다'는 비판이 날아왔다. 뭐 확실히 내 그릇이 좀 작기는 하다. 하지만 화가 나는 건 화가 나는 거다. 나는 특별히 좋은 사람이 될 생각은 조금도 없다.

많은 사람이 오해하는데, 깨달음을 얻었다거나 정신수양을 하는 것과 좋은 사람이 되는 것은 전혀 관계가 없다. 오히려 평소에 좋은 사람이라는 소리를 듣는 사람이 훨씬 문제가 많다. 그건 솔직하지 않다는 뜻이니까. 화가 나면 화를 낸다. 이것이 자연스럽고 있는 그대로의 모습이다.

물론 기쁠 때는 솔직히 기뻐하면 된다. 이런 솔직한 감정을 억누르면 그저 무난하기만 한 사람이 된다. 좋은 사람이란 '이래도 흥, 저래도 흥'인 사람이다. 남자나 여자나 좋은 사람이 인기 있는 경우는 거의 없다. 일할 때도 잘한다는 생각이 들지 않는다.

그보다는 있는 그대로의 자신의 기분에 솔직한 것, 이것이 자기다움이고, 이것이 깨달음으로 통하는 본연의 자세다. 고구마 할멈은 깨달은 사람이기 때문에 솔직하게 실컷 눈물을 흘릴 수 있었다. '진주 눈물'은 '진짜 눈물'이라고 바꿔 말해도 좋다. 눈물을 흘림으로써 손녀를 잃은 슬픔을 극복하고 영혼의 성장을 이룬다. 이것이 바로 깨달음이다.

쓰는 것만으로도 감정이 해방된다

언뜻 부정적인 감정이라고 생각하기 쉬운 분노, 슬픔, 두려움은 인간에게 꼭 필요한 것이지만, 또 그런 이유로 봉인되는 경향이 있다. 누구나 화를 잘 내는 사람은 피하게 된다. 울보나 겁쟁이라고 생각하면 우습게 본다. 그렇기 때문에 그런 감정은 드러내지 않는 편이 살면서 득이 된다. 우리는 실제로 그렇게 교육받으면서 자랐다.

이렇게 드러내야 할 감정을 억누른 결과 분노, 슬픔, 두려움을 증명해 보일 현실을 끌어당겨 자신을 불행하게 만들기도 한다. 게다가 그런 감정은 '나는 가치가 없다'라는 빌리프와 짝을 이루어 점점 자신을 괴롭히고 삶을 고통스럽게 만든다. 만일 괴롭고 힘든 상황에서 자유로워지고 싶다면 우선 솔직해지자.

'나는 화를 내도 된다.'

'나는 슬퍼해도 된다.'

'나는 두려워해도 된다.'

먼저 이것부터 인정하고, 화가 날 때는 화를 내고, 슬플 때는 울고, 두려울 때는 몸을 움츠리고 무서워한다. 그다음, 준비가 되었다면 이렇게 말해보는 것도 좋다.

"나는 화가 난다. 왜냐하면……"

"나는 슬프다. 왜냐하면……"

"나는 두렵다. 왜냐하면……"

'왜냐하면' 뒤에는 무엇 때문에 화가 났고, 뭐가 슬프고, 뭐가 두려운지를 구체적으로 말하면 된다. 그리고 종이에 써본다. 그러다 보면 머리로 피가 솟구치기도 하고, 눈물이 나기도 하고, 몸이 부들부들 떨리기도 할 것이다. 그래도 괜찮다. 오히려 그렇게 하면 감정이 해방되는 효과가 있다. 어쨌든 쓰고 쓰고 또 쓴다. 마음 내키는 대로 마구 휘갈겨 써도 된다.

사실 가장 좋은 방법은 분노, 슬픔, 두려움을 확실히 받아줄 사람이 있는 것이다. 그런 사람이 가까이 있다면 더욱 좋은데, 다만 이때 이야기를 들어주고 감정을 받아줄 상대의 그릇이 커야 한다. 어설픈 사람이라면 격렬한 감정에 짓눌려 서로 괴로워질 수 있다.

주위에 그렇게 받아줄 사람이 없다면 종이에 적는 것만으로 충분하다. 자신이 얼마나 화가 났는지, 슬픈지, 두려운지, 그저 쓰기만 하면 된다. 나도 매일 블로그에 글을 올리는데, 앞에서 말한 것처럼 가끔 화나는 일을 솔직히 쓸 때가 있다. 그렇게 하면 분노의 감정이 눈처럼 녹아서 언제 그랬느냐는 듯이 다시 웃으며 지낼 수 있다.

기쁨의 거대화 현상

끌어당김의 법칙에 따르면 감정은 현실을 끌어당긴다고 한다. 분노가 쌓여 있으면 그것이 더욱 화나는 현실을 끌어당긴다. 슬픔이 쌓이면 더 슬픈 현실을 끌어당기고, 두려움이 쌓여 있으면 더욱 두려운 현실을 끌어당긴다.

이 같은 현실에서 벗어나려면 분노, 슬픔, 두려움이라는 감정을 글로 쓰는 행위로 적절히 처리하면 한다. 그러고 나면 네 가지 기본 감정 중 하나인 기쁨이 남는다.

기쁨, 분노, 슬픔, 두려움은 모두 인간에게 필요한 감정이지만 기쁨과 분노, 슬픔, 두려움 사이에는 결정적인 차이가 있다. 분노, 슬픔, 두려움은 적절히 드러냄으로써 해소되는 데 반해 기쁨은 오히려 드러낼수록 커진다. 기쁨은 드러낼수록 자신을 더 기쁘게 해줄 현실을 끌어당긴다. 그러면 기쁨은 더욱 커지고, 그렇게 커진 기쁨을 증명해줄 현실을 또 끌어당긴다. 그러면 기쁨은 더더욱 커지고, 그 커진 기쁨을 증명해줄 현실을 또 끌어당긴다. 결국 기쁨은 눈덩이처럼 걷잡을 수 없이 커진다. 점점 더 두근두근 설레고 가슴이 부풀어 오른다. 나는 이런 현상을 '기쁨의 거대화'라고 부른다.

네 가지 감정이 공존하는 상태에서 분노, 슬픔, 두려움을 해방시키면 기쁨만 증폭되어 어느새 기쁜 일, 즐거운 일만 일어난다. 물론 197쪽의 그림처럼 완전히 기쁨만 남는 것은 아니고 자신을 지키기 위해 분노, 슬픔, 두려움도 남아 있지만 분노, 슬픔, 두려움에 비해 압도적으로 기쁨이 많아지면 그만큼 더 행복해진다. 이것을 목표로 하면 된다.

분노, 슬픔, 두려움이 해방되고 기쁨만 증폭되는 상태, 이렇게 되면 나도 모르는 사이에 소원이 이루어진다. 기쁜 일, 즐거운 일을 바랄수록 더 잘 이루어지기 때문에 기쁨은 더욱 증폭되고, 또 그것을 채우기 위해서 소원이 마구마구 이루어진다.

진실의 확언

어쨌든 분노, 슬픔, 두려움은 우선 글로 쓰는 것으로 해소할 수 있다. 물론 이 밖에도 다양한 방법이 있고, 상담사나 테라피스트 같은 전문가의 도움을 받으면 좀 더 확실한 효과를 얻을

기쁨을 표현하면
더 큰 기쁨을 끌어당긴다

😊 기쁨   😣 슬픔   😠 분노   😦 두려움

| 네 가지 감정 공존 | → | 분노, 슬픔 두려움을 해방 | → | 기쁨만 증폭 |

기쁜 일만 일어난다

기쁨의 거대화

수 있겠지만, 사정이 여의치 않을 때는 우선 글로 써보는 것이 좋다. 마음이 초조할 때도 그 기분을 글로 써보면 좋다. 이렇게만 해도 확실히 정화가 된다.

그다음에는 어떻게 해야 할까? 쓰는 것 다음에는 말하는 것으로 나아간다. 무엇을 말해야 하나? 기쁨으로 직결되는 진실을 말한다. 이른바 확언이다. 단순하지만 이것이 매우 효과가 좋다.

확언이란 선언을 하는 것이다. 성공한 사람 중에는 자신이 어떤 사람이 되고 싶은지, 짧고도 강력한 문구로 명확히 표현한 예가 많다.

"어른이 되면 세계 최고의 축구 선수가 된다."
(축구 선수 혼다 게이스케)

"프로 구단에 들어가 1000억 원을 받는 선수가 될 거다."

(야구 선수 마쓰자카 다이스케)

"나는 천재다. 나는 최고다. 나는 슈퍼스타다."
(가수 야자와 에이키치)

"내가 세계에서 가장 많은 사람들을 웃겼으면 좋겠다."
(연예인 마쓰모토 히토시)

"소프트뱅크를 10~20조 원 매출의 기업으로 만들겠다."
(경영인 손정의)

그들은 이렇게 말함으로써 자신을 분발시켰고, 그리고 실현했고, 성공했다. 물론 그들은 원래 남들보다 뛰어난 사람이니까, 보통 사람이라면 그런 대단한 말을 쉽게 입에 올리지 못할 것이라고 말할 수도 있다. 그것도 맞는 말이다.

애초에 이 장은 비법의 실천을 도중에 그만둘 만큼 '소원은 이루어지지 않는다'고 믿는 사람들을 위한 것이므로 이 세상에 뚜렷한 발자취를 남긴 성공한 사람과 똑같이 취급하면 곤란하다는 것도 안다. 소원은 이루어지지 않는다고 믿는 사람은 소원을 말할수록 현상과 동떨어진 거리감에 괴로워한다.

이쯤에서 한 가지 질문을 던지고 싶다. 다음의 두 가지 확언이 있다. 둘 사이에는 결정적인 차이가 있다. 무엇일까?

'나는 부자다.'
'나는 가치 있는 존재다.'

둘 다 긍정적인 확언임에는 틀림없지만 결정적인 차이는 '나는 부자다'라는 말은 거짓일 가능성이 있지만, '나는 가치 있는 존재다'라는 말은 거짓일 가능성이 전혀 없다는 점이다. 다시 말해 후자는 진실이다. 말로는 날마다 나는 부자라고 외지만 현실에서는 돈이 없어서 전전긍긍한다면 현실과의 갭이 점점 커져서 괴로워질 수도 있다. 스스로 거짓말이라는 것을 알기 때문이다. 반면 '나는 가치 있는 존재다'라는 말은 아무리 본인이 의심을 품어도 절대적인 우주의 진리다. 사람은 왜 태어나는 걸까? 물론 처음부터 사명이나 역할을 찾을 수는 없다. 하지만 태어났다는 사실은 있다. 정자와 난자가 필연적으로 만나서 열달이라는 시간이 흐른 뒤 세상에 나왔다.

우주는 완벽하다. 티끌 하나라도 쓸데없는 것이 없다. 그런 우주의 자손으로 태어난 우리. 누구 하나가 없어도 이 우주는 성립하지 않는다. 우주가 있기 때문에 내가 있는 게 아니라 내가 있기 때문에 우주가 있는 것이다!

모든 것이 좋아지는 한마디

완벽한 존재로 태어난 인간은 없어서는 안 되는 존재다. 아무런 이유도 근거도 없고 오직 절대적인 가치만 있을 뿐이다.

‘나는 가치 있는 존재다.’ 이 말은 절대적인 진리다. 아무리 의심을 품어도 이것만큼은 흔들림 없는 진리다.

‘나는 나.’

‘나는 괜찮아.’

‘나는 여기에 있다.’

‘나는 소중한 사람이다.’

‘나는 다른 사람에게 사랑받고 있다.’

‘나는 있는 그대로의 나이면 된다.’

‘나는 특별하고 독특한 존재다.’

마찬가지로 이 모두가 절대 진리다. 진실을 어떻게 말해도 갭이 생길 수 없다. 처음에는 좀 힘들더라도 언젠가는 깨닫는 날이 온다. 이와 같은 진실을 한마디로 표현한 문구가 있다.

‘나를 좋아해.’

우선 이 말을 입 밖으로 꺼내보자. 감정을 실을 필요도 없다. 단순히 읽기만 해도 좋으니 소리 내어 읽어본다. 어색해도 말로 해보고, 그저 염불하듯 중얼거려본다.

나를 좋아해, 나를 좋아해, 나를 좋아해, 나를 좋아해, 나를 좋아해, 나를 좋아해, 나를 좋아해, 나를 좋아해, 나를 좋아해, 나를 좋아해, 나를 좋아해, 나를 좋아해, 나를 좋아해, 나를 좋아해, 나를 좋아해, 나를 좋아해, 나를 좋아해, 나를 좋아해……

매일 아침 눈뜨자마자 외는 것도 좋다. 마음으로 생각만 해도 좋다. 그리고 밤마다 잠들기 전에 왼다. 또 거울 앞에 섰을 때, 거울에 비친 나를 보며 "너를 좋아해"라고 소리 내서 말해보면 더욱 좋다. 얼굴을 씻거나 이를 닦거나 화장을 하면서 하루에 몇 번씩 거울을 볼 때마다 자신의 눈을 바라보면서 "너를 좋아해"라고 한 번씩 말해본다. 처음에는 겸연쩍을 수도 있지만 꾸준히 말을 건다.

'나는 가치 있는 존재'라는 말은 절대적인 진실이고, 그 진실을 알아차린 사람은 예외 없이 자신을 좋아한다. 사람은 누구나 자신을 좋아하는 상태에서 태어난다. 그렇기 때문에 살려고 노력한다. 만일 자신을 싫어한다면 배가 고파도 울지 않고, 젖을 달라고 보채지도 않을 것이다. 세상에 이런 아기는 없다. 자기 자신을 사랑하기 때문에, 소중하게 여기기 때문에 요구하는 것이다. 하지만 이 세상에는 부모를 비롯한 다양한 환경 요인으로 인해 자신의 가치를 빼앗기는 사람이 있다. 이렇게 되면 차츰 자신을 좋아하지 않게 된다. 또 좋아하지 않는 자신을 위해 아무것도 원하지 않게 된다. 따라서 소원은 이루어지지 않는다고 믿고 싶어진다.

좀 더 요구해도 괜찮다. 당신은 가치 있는 존재니까.

솔직히 요구해도 된다. 더 많이 요구해도 괜찮다.

앞으로 자신을 더욱더 소중하게 대해도 된다.

3개의 소원
100일의 기적

'나를 좋아해.'

'너를 좋아해.'

이 진실을 다시 한 번 떠올릴 수 있다면 그 순간에 자신을 방해하는 온갖 빌리프, 트라우마에서 해방된다. 그리고 모든 것이 좋아진다. 다시 한 번 말하지만 그저 진실을 떠올리기만 하면 된다. 누구나 예외 없이 그 사실을 알고 태어났다. 이것을 기억해낸 순간 어떻게 될까? '뭐야, 이거였어?' 이렇게 느끼는 것이 바로 깨달음이다. 소원은 깨달음을 통해 이루어진다. 실현이 가속되는 것이다.

트라우마에서 벗어나는 방법

제1단계 | 감정을 해방하는 의식

1. 종이와 펜을 준비한다(종이는 클수록 좋다).

2. 세 가지 소원을 정한다.

3. 세 가지 소원을 이미지화 했을 때 떠오르는 나쁜 기분을 확인한다(기분이 나빠지지 않으면 비법을 계속 시도하면 된다).

4. 소원을 이루는 데 방해가 되는 과거의 사건(특히 어릴 때 부모, 조부모, 형제자매, 선생님, 친구 등과의 관계에서)을 떠올린다.

5. 그 사건을 떠올리면서 "나는 화가 난다"/"나는 슬프다"/"나는 무섭다"라고 말로 표현해본다.

6. 좀 더 직감적으로 느껴지는 감정(분노, 슬픔, 두려움)이 있다면 다시 "나는 화가 난다"/"나는 슬프다"/"나는 무섭다"라고 말하고 "왜냐하면"을 덧붙여 말을 이어간다(한 가지 감정일 때도 있지만 두세 가지 감정이 복합적으로 뒤섞여 있을 때도 있다).

7. '왜냐하면'에 해당하는 이유를 노트에 적는다(감정을 그대로 느끼면서, 아니면 냉정함을 유지하면서 줄거리를 써나간다).

8. 기분에 상관없이 일단 써내려간다(쓰면서 기분이 나빠져도, 눈물이 나도, 몸이 떨리더라도 그 감정을 그대로 느낀다).

제2단계 I 존재 가치를 되찾는 습관

1. 잠자기 전과 일어나서 바로 "나를 좋아해"라고 말한다(생각한다).

2. 거울 앞에 섰을 때 자신의 눈을 바라보면서 "너를 좋아해"라고 말한다.

3. 위의 두 가지를, 감정을 담지 않아도 좋으니 소리 내서 말하고 이를 습관으로 만든다.

★ 과거의 트라우마(정신적 외상)을 치료하려면 그 정도에 따라 전문적으로 대응해야 할 때도 있다. 우선 이 책을 한 번 읽어보고 이 순서를 따라 해본 뒤에도 여전히 불안을 느낀다면 반드시 의사나 전문가를 찾아 상담을 받기 바란다.

제**4**장

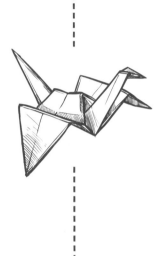

이제
우주에
맡기면 된다

깨달음은 자전거 타는 법과 같다

모든 것은 깨달음에서 출발하고 깨달음으로 통한다. 소원을 이루어주는 것도 깨달음이고, 힘든 삶에서 해방시키는 것도 깨달음이다. 제1장에서 이야기했듯이 우리는 애초에 하나인 세계를 쪼개서 굳이 차이를 만들어내고 "뭐야, 이건!"이라고 말하면서 살고 있다. 이것이 일반적인 우리의 상태다.

이제 원래 하나이고 차이가 없는 세계를 "뭐야, 이거였어?"라고 상기함으로써 깨달음과 동화하면 된다.

깨달음은 비법을 실천하여 소원을 이루는 과정에서 체험할 수 있다. 제3장의 '트라우마를 벗어나는 방법'을 따르는 것으로도 체험할 수 있다.

따라서 한 번이라도 깨달음의 세계를 알아버리면 자전거를 배운 사람이 평생 자전거 타는 법을 잊지 않듯이 앞으로의 인생은 즐거운 일로 가득해진다.

내가 바로 그렇다. 지금은 내가 좋아하는 일을 하고 수입도 그럭저럭 괜찮고 건강한 몸으로 즐겁게 하루하루 살고 있지만, 프롤로그에도 썼듯이 20대부터 30대 초반까지의 인생은 정말 되는 일이 하나도 없었다. 일은 힘들고 월급은 오르지 않았으며 스트레스로 점점 살이 쪄서 건강에도 적신호가 오고, 게다가 미래도 어두웠다. 그렇게 별 볼일 없던 월급쟁이의 인생이 어떻게 지금처럼 행복하게 바뀌었을까?

그것 역시 깨달음에서 비롯되었다. 이제는 돈이 없어도, 자격증이 없어도, 인맥이 없어도 잘 살아갈 수 있다는 것을 알았기 때문이다. 그 계기가 된 이야기를 하고 싶다.

깨달음의 순간 어떤 일이 일어났는가?

여러 번 말하지만 내 인생의 절반은 정말이지 초라하기 그지없었다. 재수, 구직, 실패, 인기 없는 남자, 니트족, 대머리, 뚱보……. 이런 상황에서 제대로 된 회사에 들어갈 수도 없었고, 계약직 사원으로 그럭저럭 다니던 회사마저 2005년 그만두었다.

그 무렵 정신세계에 관심을 갖게 되면서, 마음을 바꾸면 인생도 바뀔지 모른다는 생각을 하게 되었다. 그러자 마음이 조금 편해졌다.

하지만 현실은 여전히 꼬일 대로 꼬여 있었다. 일단 회사를 그만두고 나니 할 일이 없었다. 그래도 모처럼 시간이 났으니 좋아하는 여행이라도 떠나보자고 마음먹었다. 그럴 때 갈만한 나라로는 역시 인도밖에 없었다. 퇴직금도, 모아둔 돈도 없었기 때문에 주머니를 탈탈 털어서 여행을 떠났다. 말이 좋아 여행이지 그냥 현실도피일 뿐이었다. 그렇게 도착한 인도가 또 최악이었다. 공항에 밤늦게 도착해서 시내버스와 도보로 싸구려 숙소를 찾아가던 길에 깡패들을 만났다. 그들에게 두 대 정도 맞았을 때 천만다행으로 택시가 보였고, 재빨리 몸을 날려 택시를 탔다. 그런데 택시가 1박에 30만 원이나 하는, 내가 가진 전 재산과 맞먹을 만큼 비싼 호텔로만 데려가서 거절했더니 어느 여행사 사무실 앞에 나를 내려놓았다. 그런데 그 회사가 또 악덕한 곳이라, 한밤중에 남자 5~6명에 둘러싸여서 이래저래 가지고 있던 돈을 거의 다 빼앗겼다.

겨우 남은 돈 5만 원으로 목적지인 라다크에 내렸지만 5만 원으로 일주일을 버틴다는 건 정말이지 기적에 가까운 일이었다. 동네에서 가장 싼 여관에 묵으면서 델리로 돌아갈 때까지 꼼짝 않고 지내는 수밖에 없었다.

라다크는 해발 3500미터쯤 되는 지역이라 산소가 희박해서 조금만 걸어도 숨이 찼다. 한밤중에는 산소 결핍으로 인해 아픈 머리를 부여잡고 잠에서 깰 정도였다. 게다가 전력이 부족해 저녁 8시만 돼도 전기가 모두 나가서 일찍 잠자리에 들 수밖에 없었다. 한밤중에 두통으로 일어나도 전기가 들어오지 않기 때문에 그저 촛불만 바라볼 뿐 특별히 할 수 있는 일이 없었다. '내 인생은 정말이지 끝도 없이 꼬이는구나. 회사도 그만두고, 전 재산을 털어서 인도에 왔는데 첫날부터 이런 꼴이라니.' 나는 내 인생을 저주했다.

어쨌든 빈털터리 휴가였기에 심심풀이로 생각해낸 일이 반야심경을 1000번 낭독하는 것이었다. 5일 여정이었으니 하루 200번씩 낭독할 수 있었다. 특별한 의미는 없었지만 어쨌든 주체할 수 없을 정도로 많은 시간을 보내야 하기에 무슨 일이 일어나든 말든 그저 소리 내서 읽었다. 드디어 마지막 5일 째 날이 되었다. 그때까지 하던 대로 언덕에 올라가서 낭독을 할 때 이상한 일이 벌어졌다. 당시에 썼던 일기를 들춰보니 정확히 20번, 다시 말해 통산 820번째 즈음에 접어들 때 갑자기 벌어진 일이었다.

몸이 부들부들 떨리고 슬프지도 않은데 이유도 없이 눈물이 흘렀다. 눈물의 의미를 생각하려고 했지만 도무지 알 수가 없었다. 쉴 새 없이 흘러내리는 눈물, 다시 반야심경을 읽으려고 했지만 떨려서 목소리가 나오지 않았다. 그때 갑자기 '감사' 이 두 글자가 눈앞에 섬광처럼 번쩍 하고 나타났다.

그렇구나. 감사였구나. 이 세상은, 이 우주는 감사로 만들어진 걸까? 지금까지의 인생도, 그리고 인도에 도착하고 나서 두들겨 맞고, 돈을 빼앗기고, 밟히고 차이고 했던 일들도 모두 감사였던 것이다.

그 사실을 알아차린, 아니 체험한 순간 눈앞의 모든 풍경이 일순간 바뀌었다. 굳이 설명하자면 지금까지 흑백이던 세계가 갑자기 온갖 색채를 띤 것처럼 보였다. 평면이었던 세계가 입체가 된 것 같았다. 어쨌든 이 강렬한 체험으로 나를 둘러싼 세상과 우주의 구조가 완전히 달라졌다.

감사였다. 눈앞에 일어난 좋은 일도, 그렇지 않은 일도 모두 감사였다. 그렇다면 무슨 일이 있어도 괜찮은 거네. 눈물을 있는 대로 다 쏟고 나서 마음을 가라앉히고 반야심경을 1000번 다 읽은 다음 언덕에서 내려와 다음 날 델리로 돌아갔다. 그리고 집에서 보내준 돈으로 무사히 여행을 마쳤다.

깨달음 전에는 많은 일이 있다

이 체험을 통해 말하고 싶은 것은 우주는 감사로 이루어졌고, 결국은 무슨 일이 있어도 괜찮다는 것이다. 하지만 역시 깨달음을 얻기 전에는 많은 일이 있다.

'스트레스 → 릴랙스'의 정도가 클수록 깨달음도 크다. 그러므로 혹시 지금 몹시 괴로운 일이 있다거나, 도저히 이룰 수 없는 꿈 앞에서 안달하고 있더라도 절대로 걱정할 필요가 없다. 힘든 일, 괴로운 일도 언젠가는 끝난다. 그리고 시간이 지난 뒤에 정신을 차리고 보면 전보다 좋아져 있다. 지금까지 우리가 줄곧 경험해온 것이다.

10년 전 무슨 일로 고민했는지 기억할 수 있을까? 지금 조금이라도 그 고민을 계속하고 있는지? 대개는 그렇지 않다. 지금까지 고민하고 있다 해도 조금 오래 끌었을 뿐 머지않아 잊을 날이 온다. 그리고 잊힐 때쯤이면 틀림없이 그때의 나보다 더 성장해 있다.

그러니까 지금 힘들어도 괜찮다. 머지않아 잊을 테니까. 소원이 이루어지지 않아도 괜찮다. 머지않아 이루어질 테니까. 그보다는 지금을 깊이 음미하라고 말하고 싶다.

내 인생은 확실히 30대 초반 무렵까지는 되는 일이 없었지만, 딱 하나 스스로 칭찬해주고 싶은 게 있다. 그것은 내가 내 인생을 매우 소중하게 여겼다는 점이다.

니트족이었지만 월급이 쥐꼬리만 한 회사에 들어간 것도 내가 소중했기 때문이다. 나를 좋아했기 때문이다. 4년 반 동안 근무하면서 죽을 만큼 힘들었지만 열심히 했고, 그러다 문득 내 인생이 너무 가혹하다는 생각에 퇴직한 것도 내가 소중했기 때문이다. 인도에 간 것도 그렇다. 어쨌든 움직이고 싶었다. 움직이는 한 무슨 일이 생기지 않을까 해서. 10년 동안 하루도 빠짐없이 블로그에 글을 올린 것도 그렇다. 글을 쓰다 보면 뭔가 되지 않을까 했다. 모두 나를 소중히 여겼기 때문이다.

'집 안에 틀어박혀서 불평만 쏟아내는 인생은 자신을 조금도 소중히 여기지 않는 것이다. 내 가능성은 이것보다 훨씬 크다!'

지금 생각하면 역시 움직이면 움직인 만큼 뭔가 일어난다. 제3장에서 우주는 에너지 등가라고 말한 것처럼, 조금이라도 움직이면 그만큼 주변도 움직인다. 그러면 무엇인가 변한다. 이렇게 움직이다 보면 '이거구나'라고 깨달을 때가 온다. 그것이 내가 인도에서 깨달은 점이다.

귀국한 뒤에도 많은 일이 있었지만 지금 이렇게 여러분에게 메시지를 전하고 있다. 정말 기적이다. 그러니까 움직여라. 인생을, 지금을 깊이 음미하라.

힘을 빼면 고통이 사라진다

나는 오직 감사만 있는 세계를 보았는데, 세상에 태어나기 전의 양수가 떠올랐다. 이 깨달음의 세계를 인도에서 돌아온 뒤에도 이따금 경험한다.

나는 거의 10년이 넘도록 필생의 사업으로 폭포 수행을 계속하고 있다. 폭포 수행은 떨어지는 폭포를 온몸으로 맞는 수행을 말한다. 천태종을 공부한 스님에게 제대로 배워서 하고 있지만 그렇다고 출가한 것은 아니고 취미처럼 즐기는 것이다. 물론 한겨울에도.

내가 폭포 수행을 알게 된 것은 직장에 다니던 2004년 8월의 어느 날인데, 당시의 고통에서 벗어나고 싶어서 찾아낸 방법이었다. 말하자면 현실도피였다. 현실도피만 한 사람처럼 보이겠지만, 그만큼 괴로웠다. 여름철의 폭포 수행은 기분이 상쾌해져서 처음 한 날부터 빠져버렸다. 스승의 도움 없이 혼자 할 수 있게 되자 21일간 또는 100일간 하는 어느 정도 본격적인 수행에 들어갔다.

성실하게 해서 21일 수행과 100일 수행을 완수했지만 아무리 횟수를 거듭해도 익숙해지지는 않았다. 추운 건 추운 거니까. 그래서 '100일 간 하자!'고 결심하고서도 폭포를 맞는 일이 점점 우울해져 한때는 하면 할수록 괴로웠다. 그래도 나와 약속한 이상 하는 수밖에 없었고 이미 블로그에도 '한다'라고 써놓은 상태였다. 다시 정신을 집중해서 어쨌든 해보자 하는 마음으로 들어가 앉았지만 상대는 폭포였다. 폭포는 나처럼 기가 죽는 일도 없이 언제나 그렇게 무심히 떨어질 뿐이었다. 내가 아무리 뻔뻔하게 가운데 손가락을 치켜세워도 안색하나 변하지 않고 쏟아져 내렸다. 도저히 당해낼 재주가 없었다. 그래서 살짝 기교를 부려 봤다.

심리 테라피 기법으로 폭포를 맞는 나를 객관화하면서 유머러스한 음악을 듣고 있다는 식으로 생각했다. 물론 실제로 음악을 듣는 것은 아니라 공상이었지만, 이렇게 해서라도 조금이나마 고통을 잊어보려 했다. 하지만 이것도 어차피 속임수 일뿐이었다. 이렇게 머리를 쓰는 것도 피곤해서 결국 다시 또 괴로워질 뿐이었다.

더는 정신을 집중해도 안 되고, 기교를 부려도 안 되고, 어찌할 방도가 없다고 느끼면서 그날도 폭포 밑으로 들어가는 수밖에 없었다. 거의 자포자기 상태였다. 평소처럼 축사, 불경, 진언을 외고 마지막으로 수인(手印. 모든 부처와 보살의 서원을 나타내는 손 모양—옮긴이)을 맺고 나오는데 그날은 왠지 힘들지가 않았다. 영하에 가까운 기온이었지만 오히려 기분이 좋았다.

이상한 생각이 들어서 그다음 날도 똑같이 자포자기 상태로 폭포 밑으로 들어갔다. 그랬더니 역시 고통스럽지 않았다.

'아, 그렇구나. 마음을 비우면 되는구나.'

정확히 말하자면 몸에서 힘을 한껏 빼고 그저 숨을 깊이 내쉬고 있을 뿐이었다. 거스르지 않는 것.

왜 지금까지는 폭포가 고통스러웠을까? 그것은 힘이 들어갔기 때문이었다. 폭포와 싸우겠다고 근육이 단단하게 굳었기 때문이었다. 그래서 숨쉬기도 고통스럽고 머리와 어깨까지 아팠다. 그러나 그냥 있는 그대로 폭포에 들어가서 힘을 빼고 폭포 아래 섰더니 고통스럽지 않은 것은 물론이고 여태껏 경험해보지 못한 해방감까지 들었다. 확실히 폭포 안은 별천지였다. 얼음장처럼 차가운 데다 상당한 수압으로 엄청난 양의 물이 내 몸 위로 쏟아진다. 몸은 움츠려들고 혈관이 수축해서인지 어깨와 머리까지 아파온다. 하지만 인간의 몸은 그 정도로는 꿈쩍도 하지 않는다. 불 속이라면 물리적으로 세포조직이 익어버려 큰일 나지만 폭포라면 괜찮다(참고로 '불 밟기'의식도 경험했지만 폭포 수행이 훨씬 가혹하다).

만일 이 정도로 괜찮지 않다면 그것은 자신의 문제다. '폭포= 차갑다, 아프다, 고통스럽다'고 믿고 폭포 밑으로 들어가면 몸이 그 생각에 맞추어 반응해버린다. 하지만 그런 생각을 지우고 비움의 경지에서 들어가면 몸은 반응하지 않는다. 따라서 그다지 고통스럽지 않다. 결국 자신한테 달린 것이었다. 폭포는 항상 똑같다. 차이를 만드는 것은 언제나 나 자신일 뿐이었다.

숨을 참고 싸우지 말고 숨을 내쉬며 마음을 비운다

인생도 마찬가지다. 우리는 왜 괴로울까? 그것은 세상과 싸우려고 들기 때문이다. 세상은 늘 가만히 있는데, 가만히 있을 뿐인 존재에게 이러니저러니 의미와 가치를 부여하고, 나아가서는 '크니 작니', '강하니 약하니', '뛰어나니 열등하니'라고 차이를 매겨 일희일비한다. 하지만 이것은 전부 자신의 문제다. 그래서 괴롭다. 그러면 어떻게 하면 괴로움에서 벗어날 수 있을까?

비우면 된다. 싸우려 들지 않으면 된다. 그저 몸에서 힘을 빼고 숨을 후 하고 내쉰다. 그 순간 원래 차가워야 할 폭포 아래조차도 편안한 장소가 된다. 이 비움의 경지에 바로 궁극의 릴랙스가 있다.

그런데 '숨을 후 하고 내쉰다'는 표현이 어딘가 익숙하다. 그렇다. 앞에서 비법을 소개하면서 숨을 참고 소원을 세 번 쓴 다음에 숨을 내쉬라고 했다. 똑같은 이치다. 스트레스가 쌓이면 거의 숨을 못 쉰다. 한겨울에 폭포 아래 섰을 때 가장 고통스러운 것은 쏟아지는 차가운 물이나 통증이 아니라 숨을 쉬지 못하는 것이다. 절망이다.

폭포 속은 변화를 의미한다. 잠재의식은 변화를 싫어하기 때문에 한시라도 빨리 폭포에서 나가라고 명령한다. 가장 큰 변화는 숨쉬기가 힘들어지는 것이다. 이때는 의식적으로 숨을 크게 들이마시고 천천히 후 하고 내쉰다. 그러면 저절로 몸이 느슨해지며 마음이 이완된다.

여기에서 다시 한 번 생각해보자. 숨을 참았을 때 릴랙스하는 것이 불가능하듯이 숨을 내쉴 때 스트레스를 느끼는 것도 불가능하다. 숨을 내쉴 때야말로 완벽한 릴랙스 상태가 된다. 그리고 직전에 받은 스트레스가 클수록 릴랙스는 깊어진다.

요가에서도 몸에 최대한의 스트레스를 주는 자세를 취했다가 천천히 원래 자세로 돌아갈 때 숨을 크게 내쉰다. 비운다는 것은 숨을 내쉬는 것이다. 숨을 참고 싸우는 것이 아니라 그저 깊이 들이마셨다가 천천히 내뱉는다.

바로 이때가 깨달음에 가장 가까이 다가가는 순간이며, 세상에 태어나기 전 양수에 둘러싸여 절대적인 편안함을 누리던 때를 떠올리게 한다.

우주라는 산소통에 나를 맡긴다

예전에 아내와 수중 다이빙에 도전했을 때의 일이다. 우리 두 사람은 다이빙이 처음이어서 산소통을 메고 바다에 들어가는 것 역시 처음이었다. 물속은 공기가 없으니 평소라면 숨을 참고 들어가야 하지만 산소통이 있으면 괜찮다. 나는 물속에서 문워크까지 즐길 정도였는데 아내는 좀처럼 잠수를 하지 못했다.

아내는 수영을 못하는 데다 물을 무서워해서 물에 들어간 순간 '물속에서는 숨을 참아야 한다'는 생각을 버리지 못했다. 그래서 산소통이 있는데도 제멋대로 숨을 멈추는 바람에 잠수를 하지 못했다. 나도 처음에는 두려웠다. 지금까지 한 번도 물속에서 호흡한 적이 없었으니까. 그때 잠수 가이드가 내게 이렇게 말했다.

"산소통을 믿으세요."

'그래, 산소통을 믿어보자.' 그의 말에 산소통을 믿고 숨을 쉬었더니 당연한 일이지만 평소처럼 숨을 쉴 수 있었다. 아내는 끝까지 산소통을 믿지 못해서 수면 위에 둥둥 떠 있기만 했다.

우리도 평소에 이런 실수를 저지른다. 스트레스를 받고 숨을 참아버리는 것이다. 결국 물속에서 산소통을 믿지 않은 아내처럼 우리도 평소에 무엇인가를 믿지 않는다. 그것은 무엇일까?

바로 우주.

우리는 늘 우주라는 산소통과 이어진 채 살고 있다. 하지만 그 사실을 완전히 믿지 않기 때문에 언제나 숨을 참고 스트레스에 두드려 맞는다. 물론 소원을 이루려면 스트레스를 받는 것도 중요하다. 정말로 소원을 이루는 사람은 스트레스가 릴랙스로 전환하는 것을 알고 오히려 스트레스 자체를 즐긴다. 하지만 이는 우주 산소통을 완전히 신뢰하지 않으면 하기 어렵다. 소원을 이루지 못하는 사람은 우주 산소통을 믿지 못해서 만성적으로 스트레스를 받는다.

고무 밴드를 당기면서 놀았던 추억을 떠올려보자. 고무 밴드를 세게 잡아당길수록 멀리 날아가듯이 스트레스도 많이 받을수록 실현으로 전환하기 쉽다. 스트레스는 바꿔 말하면 '행동(노력)'이다. 세게 잡아당길수록 멀리 날아간다는 사실을 알기 때문에 세게 잡아당긴다. 물리 법칙을 믿기 때문에 잡아당길 수 있는 것이다. 마찬가지로 스트레스를 받을수록 릴랙스로 전환해서 소원이 실현될 확률이 높아진다는 것도 우주의 법칙이다.

따라서 우주를 믿고 우주에 맡기면 된다.

꿈을 실현하는 사람과 실현하지 못하는 사람의 차이는 231쪽의 그림과 같다. 실현하는 사람은 의도적으로 큰 스트레스를 주고 그 반동으로 더 큰 릴랙스로 전환한다. 이 릴랙스 끝에는 '실현 영역'이 있는데, 큰 릴랙스가 이곳을 돌파하면 소원이 이루어진다. 이 영역을 '깨달음'이라고도 한다.

반면 꿈을 실현하지 못하는 사람은 스트레스는 적게 받지만 그만큼 반동 폭도 작기 때문에 릴랙스가 작고 그 결과 실현 영역을 뛰어넘는 일도 없다. 그러므로 스트레스가 마치 숙변처럼 쌓여버린다. 호흡으로 말하면 계속해서 얕은 숨을 쉬는 상태로 편하지 않다는 뜻이다.

결국 소원을 이루는 사람과 그렇지 못한 사람의 차이는 이 그림을 신뢰하느냐 아니냐에 있다. 이 그림을 수첩에 그려 넣든지 벽에 붙여놓고 매일 보기 바란다. 그리고 지금 내가 어디쯤 있는지 찾아보자. 내 위치가 '실현하지 못하는 사람' 쪽에 있다면

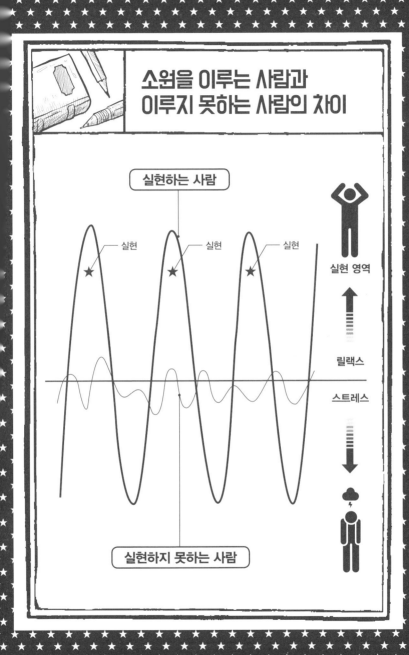

굵은 선인 '실현하는 사람'쪽으로 즉시 옮겨갈 것. 또 지금 큰 스트레스에 짓눌려 있다고 생각한다면 앞으로 '실현 영역=깨달음'을 향해 비약할 거라고 믿으면 된다.

소원을 이루려면 현실적인 행동이 필요하다. 그럴 때 스트레스를 느끼더라도 머지않아 '실현 영역=깨달음'으로 단숨에 전환한다는 것을 믿고 노력하기 바란다. 틀림없이 이루어질 테니까.

천사가 해준 단 한마디 "괜찮아"

'우주를 믿는다.'

여기서 우주란 신이어도 좋고, 그밖에 하이어셀프(상위 자아), 초의식, 수호천사, 조상 등 여러 가지 이름으로 바꿔 부를 수 있다. 자신의 문화나 종교, 관습, 취미에 맞춰 부르는 것도 좋다.

나는 '우주와 사이좋게 지내기'라는 블로그를 운영하고 있으니 우주가 가장 잘 어울려서 그렇게 부른다. 요는 인간이나 이 사회를 초월한 존재라는 말이다.

그런데 정신세계에서는 종종 그 초월적 존재와 메시지를 주고받는 일이 있다. 이를 '채널링'이라고 하는데 아주 특이한 일처럼 생각할 수 있지만 결코 그렇지 않다. 채널링의 순간은 누구나 일상적으로 경험한다. 보통 '영감'이나 '번뜩임'이라고 하는 그것이다.

채널링이라고 하면 어떤 초월적 존재가 모습을 드러내 직접 문답할 것이라고 생각하기 쉽지만 사실은 그렇지 않다. 문답 형식을 취하면 이해하기도 쉽고, 또 그렇게 보이기 때문에 설득력이 있을 뿐 단순한 표현 방법 중 하나일 뿐이다. 정말로 모습이 보이거나 목소리가 들리는 것은 환각이나 병의 일종이다. 이렇게 이야기하면 정신세계 분야 사람들이 반박할지도 모르지만. 하지만 정신세계를 믿는 사람 중에는 초월적 존재에게 메시지를 받고 싶어 하는 사람이 많아서 이상한 이야기도 무조건 믿으려는 경향이 있다.

나는 천사와 언쟁을 한 적이 있었다. 2011년 3월 11일 동일본 대지진이 일어나고 5개월이 지난 어느 날이었다. SNS 상에서 마구잡이로 확산되는 기사가 있어서 읽어보니 지진 후 우후죽순처럼 등장한 '지진 예언'에 관한 블로그 기사였다. '또 시작이군' 하는 느낌이었다. 당시에는 아직도 강한 여진이 계속되던 터라 매일 누군가 인터넷으로 지진을 예언했다. 따라서 서툰 총질이라도 쏘다 보면 맞힌다고, 그동안 몇 번은 예언이 맞은 적도 있었을 것이다. 한 번 맞히면 갑자기 주목을 받기 때문에 잠깐이지만 교주가 된 기분도 들었을 것이다. 물론 자주 맞히는 일은 없어서 대부분 흐지부지 끝날 뿐이다.

그날 본 블로그의 예언 글도 평소처럼 그냥 읽어보려고만 했는데 놀랍게도 댓글이 무려 100개가 넘게 달려 있었다. 게다가 댓글 내용이 대부분 '알려주어 고맙다'는 것이었다. 섬뜩했다.

예언도 상당히 과격해서 스카이트리(일본 도쿄 외곽에 있는 높이 634미터의 철탑–옮긴이)가 두 동강 난다든지 해발고도 40미터인 나리타 공항이 쓰나미로 물에 잠긴다는 실소할 만한 내용이었다. 그럼에도 정말로 믿는 사람이 많아서 깜짝 놀랐다. 이런 바보 같은 예언 놀이를 믿는 것도 대지진 후 사람들 마음이 약해졌기 때문일까? 다만 그 어리석은 예언 글이 이상하리만치 크게 확산된 것은 예언 내용이 자칭 '천사'가 보낸 메시지라고 했기 때문이었다. 그 블로거의 아들 꿈속에 천사가 나와서 가르쳐주었다고 했다. 그런 말을 믿다니, 정말 어리석은 사람들이었다. 그런데 천사라고 하면 뭐든지 맹목적으로 믿는 사람이 많아서 댓글에는 감사가 넘쳐났고, 나는 머리끝까지 화가 치솟았다.

눈에 보이지 않는 초월적 존재를 들먹이면서(악의가 있든 없든) 사람들을 불안에 빠뜨리는 무리가 정말 싫었다. 그래서 댓글에 직접 통화하고 싶다며 내 전화번호를 적어놓았는데, 그로인해 내 블로그에까지 불똥이 튀어 사태는 걷잡을 수 없을 정도로 확대되었다.

결국 그 블로그의 예언 글은 세미나 참가자들을 모집하기 위한 미끼였다는 사실이 밝혀졌고, 예언한 날이 오기도 전에 폐쇄되었다. 물론 그가 예언한 날에는 아무 일도 일어나지 않았다.

'천사의 메시지'를 물고 늘어진 나에게도 많은 비난과 칭찬이 쏟아졌다. 그리고 그 일로 우쭐해진 나는 '내가 진짜 채널링을 보여주지!'라며 기세등등하게 천사와 잠깐 접촉해보았다. 그러자 그 천사, 이렇게 말했다.

"괜찮아."

이 한마디뿐이었다. 그리고 무엇을 물어도 괜찮다는 말만 되풀이할 뿐이었다.

무슨 일이 있어도 우리는 괜찮다. 이것이 천사의 본심이고, 바로 우주의 진리가 아닐까? 물론 천사가 모습을 드러내 내 앞에 나타난 적은 없다. 이것은 솔직히 말해둔다. 내 채널링은 매우 간단하다. 약간 위쪽을 올려다보면서 그냥 알고 싶은 것을 묻기만 하면 된다. "천사님, 우리의 생활을 앞으로 어떻게 될까요?"라고 묻고 조용히 눈을 감고 가만히 기다리면 된다. 그러면 어디서인지 모르지만 '괜찮다'는 목소리랄까, 감각이 전해진다. 물론 지진도 태풍도 자연현상이므로 언젠가 또 닥칠 수 있다. 하지만 일어날 수 있는 일인 만큼 인간이 아무리 거부하려고 발버둥쳐도 소용없다. 물론 평소에 대책은 마련해두어야 하지만 차가운 폭포 밑에 들어가서 대항해봐야 소용없는 것처럼 이 지구 상에서 사는 한 일어날 수 있는 일은 일어날 수밖에 없다. 그러므로 할 수 있는 일을 하면서 최종적으로는 맡기는 수밖에 없다. 마음을 비우는 수밖에 없다. 그것을 한마디로 말한 것이 바로 '괜찮다'.

인간은 방어 본능이라는 것이 있어서 좋은 이야기보다는 위험한 이야기, 불안한 이야기에 쉽게 반응한다. 그래서 질 낮은 점쟁이나 채널러는 사람들의 이런 심리를 이용해 겁을 주고 위협한다. 나는 이런 사람들이 정말이지 끔찍이 싫다.

여담이지만, 점쟁이가 쉽게 돈을 버는 방법은 단순히 상대에게 겁을 주는 것이다. 병에 걸린다든지 사고를 당한다든지 결혼을 못한다는 말을 하면 귀가 얇은 사람은 겁을 먹고 움츠러든다. 그리고 무슨 수를 써서라도 액운을 피하려고 한다. 그래서 점쟁이가 엉터리 물건을 비싸게 팔아도 사게 된다.

물론 모든 점쟁이가 그렇다는 뜻은 아니다. 대부분은 지식과 경험을 바탕으로 사람들을 행복으로 이끌어준다. 진짜 점쟁이는 사람을 겁주는 말을 하지 않는다. 정신적(영적)인 일을 하는 사람이 진짜인지 가짜인지 구분하는 기준도 이것이다. 진짜는 결코 사람을 위협하지 않는다. 가짜는 열에 아홉은 좋은 소리를 하지만 한 번의 강렬한 부정적인 메시지로 사람을 겁먹게 한다. 그러므로 지금까지 아무리 좋은 말을 했어도 한 번이라도 위협하는 말을 했다면 그 사람을 가까이하지 않는 편이 좋다.

하던 이야기로 다시 돌아가면, 우주의 진리는 '괜찮다'는 이

한마디가 전부다. 괜찮다고 생각하기 때문에 괜찮은 게 아니라, 애초에 괜찮기 때문에 괜찮은 것이다. 그러므로 소원을 이루고 싶을 때도 어쨌든 할 일만 제대로 하고 나머지는 우주에 맡기면 된다. 우주를 믿으면 된다. 결국 괜찮으니까 하고 싶은 일을 전부하면 된다. 필요 이상으로 두려워할 필요도 없다.

나에게 일어난 사소한 기적

내가 모든 것을 우주에 맡기면 된다는 사실을 뼛속 깊이 이해한 것은 2005년 인도의 라다크 언덕 위에서였다. 그리고 천사의 메시지.

하지만 실제로는 아무리 괜찮다고 해도 눈앞에 펼쳐진 현실에 좌절할 때가 있다. 가령 통장 잔고 같은 현실이 직격탄을 날

릴 수 있다. 부끄러운 일이지만 2006년 2월의 내 통장 잔고를 공개한다.

2월 21일에는 전 재산이 1만 6665엔이었다. 이따금씩 찔끔 찔끔 돈을 찾아 생활하고 있었으니 평소라면 초조해했을 것이다. 더구나 2월 초에 이미 이렇게 될 줄 알고 있었다. 하지만 그 해 1월부터 4월까지 '100일 폭포 수행'에 도전해서 어쨌든 해냈다. 월말에는 집세도 못 내게 될 걸 알았다. 위험하다. 절박하다. 이럴 때 내게는 최후의 수단이 있었다.

'할머니, 도와주세요.'

처음부터 괜찮았으니 그저 우주에 맡겨두면 된다. 하지만 솔직히 우주라고 하면 너무 막연해서 거리감이 느껴진다. 이럴 때는 우주를 대신할 초월적 존재에게 빌면 된다. 내 경우에는 초월적 존재가 돌아가신 외할머니였다. 할머니는 내가 스무 살 무렵에 돌아가셨는데, 어렸을 때는 나를 무척이나 귀여워해주셨다. 내가 세상에서 제일 좋아하는 분이 외할머니였다. 내게 과

통장사본

년 월 일	조회번호	적요	찾은 금액	맡긴 금액	잔액
2006/02/28			64,000		
2006/02/27				299,160	334,325
2006/02/27			2,000		35,165
2006/02/26			2,000		37,165
2006/02/24			50,000		39,165
2006/02/23			1,000		89,165
2006/02/23				36,750	90,165
2006/02/22				36,750	53,415
2006/02/21			1,000		16,665

자나 장난감을 사주신 것을 물론 부모님 몰래 용돈을 주신 적도 많았다. 한없이 다정하다가도 버릇없이 굴면 따끔하게 혼내시는 호랑이 할머니였지만 나는 아무렇지도 않게 불평을 늘어놓을 만큼 할머니를 믿고 따랐다.

그렇기 때문에 무슨 일이 생기면 틀림없이 할머니가 해결해주신다는 것을. 어쩐지 돌아가시고 나서부터 점점 실감하게 되었다. 그래서 돈이 바닥나면 하늘을 올려다보면서 언제나 할머니에게 빌었다. 물론 지금도 그렇게 하고 있다. 그러면 난데없이 '영차'하는 소리가 들리고, 시간이 지나고 보면 늘 절박한 상황에서 탈출해 있었다. 정말로 그런 일의 연속이었다. 왜 그렇게 잘 풀렸는지는 모르겠다. 하지만 한 번도 예외 없이 매번 도와주신다. 참고로 2006년도, 그때는 어떻게 되었을까?

통장에서 본 것처럼 2월 27일은 내 생일이었는데 30만 엔에 가까운 돈이 들어왔다. 그야말로 기적이었지만 사실 특별히 이상한일은 아니다. 그 전해에 그만둔 회사가 건설 컨설팅을 하는 곳이었는데 관공서로부터 '마을 만들기' 업무를 하청 받았다. 당시는 지방자치단체 재편이 러시를 이룰 때였다. 어느 날 회사에 다닐 때 연락한 적이 있었던 '마을 만들기 NPO'로부터 시골의 한 마을이 3월 1일부터 합병하게 되었으니 그에 필요한 서류를 만들어줄 수 있겠냐는 의뢰를 갑자기 받았다.

두 번 정도 회의에 나가 필요한 서류를 만들어 주었더니 서둘러 단체로 비용이 입금되었고, 내 통장에도 작업 비용으로 얼마간의 돈이 입금된 것이었다. 휴, 하늘이 도왔다.

더 이상 방법이 없다면 기도하면 된다

사람에 따라서는 할머니가 아니라, 할아버지나 아버지, 어머니, 아니면 애완동물이라도 좋다. 생전에 나를 지켜주던 믿음직한 존재를 떠올리면서 열심히 소원을 빌면 어떻게든 될 것이다.

믿음직한 대상이 떠오르지 않는다면 얼굴도 모르는 조상님이라도 좋다. 이러니저러니 해도 자식이나 손자는 무조건 사랑스러운 존재니까.

부모가 너무 무서워서 사랑 따위는 느껴보지 못했다고 해도 이 세상에 저 혼자 태어난 사람은 없다. 따라서 지금의 나는 누군가의 보살핌 덕분에 있는 것이다. 이것만큼은 절대로 부정할 수 없는 사실이다. 그 누군가는 거의 대부분 부모이고, 그 부모 역시 각자 부모가 있고, 또 그 부모가 있고, 이런 식으로 거슬러 올라간다. 그렇게 조상이라는 존재는 언제 어디서나 후손을 지켜본다. 이 사실을 확인할 수는 없지만 나는 그렇게 믿고 산다.

그런 초월적이고 절대적으로 나를 지켜주는 존재, 다시 말해 우주를 생생하게 실감하지는 못해도 느낄 수 있다면 나머지는 빌기만 하면 된다. 아무리 사소한 일이라도 좋다. 마지막은 결국 기도다.

예전에 이집트를 여행하던 중에 다하브라는 아름다운 바닷가 마을에서 한 일본 남자를 만난 적이 있다. 그는 구조 조정으로 회사를 그만두고 여행을 왔는데, 익숙하지 않은 홀로 여행으로 고생하다가 마침 내가 지나갈 때 이집트인 세 사람에게 느닷없이 돈을 빼앗겼다. 오랫동안 여행을 하다 보면 이런 일은 일상다반사다. 내가 도움의 손길을 내밀자 그는 매우 기뻐했고 감사의 표시로 그가 가진 즉석 카레와 된장국으로 파티를 벌였다. 그때 그에게 상당히 인상적인 말을 들었다.

"나는 기도하면 되기 때문에 괜찮다."

그는 경건한 크리스천이었는데, 그의 확신에 가득 찬 말에 종교가 없는 나조차도 묘한 감동을 받았다. 그리고 지금, 그 말은 특정 종교를 뛰어넘은 진실이라는 것을 실감한다.

중요한 것은 '괜찮다'는 것이다. 이것이 진실이다. 방도가 없을 때는 기도하면 된다. 지금이라면 이렇게도 말할 수 있다.

"나? 괜찮아! 기도하면 되니까!"

유토피아는 계속될 수 없다

이런 이유로 최종적으로 '괜찮다'이지만, 그래도 살다 보면 힘든 일, 괴로운 일을 겪기도 하고 일이 잘 풀리지 않아 낙담할 때도 있다. 하지만 그렇기 때문에 인간인 것이고, 또 그런 역경이 자신을 성장시키는 것이다. 노벨 문학상을 수상한 아일랜드의 시인 예이츠는 이렇게 말했다.

"행복이란 성장이다. 인간은 성장할 때야말로 행복하다."

나는 이 말에 격하게 공감한다. 정신은 물론 영혼도 성장하려면 릴랙스뿐만 아니라 스트레스가 꼭 필요하다는 이야기는 이미 했다. 원래는 괜찮은 세계지만 우리가 행복을 느끼고, 또 우리의 영혼을 성장시키려고 일부러 고통을 준비해놓았을 뿐이다.

일찍이 이 지구상에는 초고대문명이라는 고도로 발달한 문명이 있었다고 말하는 사람들이 있다. 그 진위는 알 수 없지만 설령 있었다고 해도 당연히 멸망했다. 초고대문명을 믿는 사람은 대부분 거기에 현대 문명으로는 도저히 상상할 수 없는 과학기술과 생활양식이 있었다고 주장한다. 그 세계에는 질병도 없고 식량 문제나 에너지 문제 같은 현대사회가 안고 있는 온갖 문제가 존재하지 않았다. 당연히 고통의 개념도 없고 그런 만큼 스트레스도 없었다. 인간이 일정한 수명이 되면 죽기 때문에 지구상에는 늘 일정한 인구수로 자연 제어되는 시스템이 있을 뿐이다. 먹고 싶을 때 원하는 음식을 먹고, 게다가 아무리 먹어도 살이 찌지 않는다. 물론 전쟁도 빈곤도 없다. 고통이 전혀 존재하지 않는, 그야말로 완벽한 유토피아가 있었다고 한다.

하지만 정말 그런 세계가 있었다면 오래 계속될 리 없다. 내가 초등학생 때 개인 컴퓨터가 유행을 했는데 그때 '제비우스'라는 슈팅 게임이 인기가 있었다. 화면상에 나타난 적의 공격을 피하면서 격추만 하는 단순한 게임이었다. 하지만 당시로서는 획기적인 그래픽 화면에 매료되어 매일 흥분하면서 게임에

심취했었다. 그러던 어느 날 컴퓨터 잡지에서 제비우스의 '무적 모드'에 관한 기사를 읽었다. 일정한 조작을 하면 적이나 폭탄에 맞아도 죽지 않는 무적 모드가 된다는 것이었다. 즉시 기사 내용대로 조작해보니 정말로 무적 모드가 되었다 지금까지 어려워서 번번이 깨지 못했던 단계를 수월하게 넘어갈 수 있었다. 처음에는 소리를 질러대며 완전히 흥분했다. 하지만 게임을 하는 동안 한 가지 중요한 사실에 직면했다. 점점 시시해지는 것이었다.

틈만 나면 리셋 버튼을 눌러댄 것은 말할 것도 없다.

아마 초고대문명도 이와 같았을 것이다. 우리는 고통에서 벗어나고 싶어 하지만 정말로 고통이 없는 세계에 산다는 것은 불가능하다. 완벽한 유토피아에 살던 사람들도 최종적으로는 리셋 버튼에 손을 댈 수밖에 없었을 것이다. 사람들이 이 세계에 계속 산다는 것이 무의미하다고 생각하게 되면 종種의 보존에 관여하는 유전자의 스위치가 꺼지고, 그 결과 새로운 인간이 태어나지 못해 그대로 자연스럽게 멸종하게 된다.

고통이 있기 때문에 사는 것

결국 우리는 고통이 있기 때문에 산다. 바라거나 고민하면서 스트레스를 받기 때문에 살 수 있다는 뜻이다. 그렇기 때문에 살 가치가 있다. 인류의 역사를 보면, 특히 최근 200년 동안은 눈이 휘둥그레질 정도로 급변이 일어났다. 생활은 더욱 편리해졌고, 기술과 의학의 눈부신 발달로 치명적인 질병이 하나둘 정복됨에 따라 수명도 놀랄 만큼 길어졌다. 이와 같은 진보에 발맞추어 전쟁은 눈에 띄게 줄었다.

물론 세계에는 여전히 빈곤이 남아 있고, 전쟁도 완전히 사라졌다고 할 수는 없지만, 그다지 머지않은 미래에 현재 안고 있는 다양한 문제가 해결되어 초고대문명과 같은 완전한 유토피아를 실현할 날이 올 것이다. 그것이 인류의 궁극적인 '소원 실현'이니까.

하지만 그렇게 되면 인류는 또 다시 리셋 버튼에 손을 댈 수밖에 없다. 그러면 문명이 멸망하고 다시 수만 년, 수억 년 뒤에 새로운 문명이 탄생했다가 또 멸망하고, 이런 과정이 반복될 것이다. 물론 우리가 사는 동안에 리셋 버튼에 손댈 일은 없겠지만.

그럼에도 이 우주는 괜찮을 것이다. 고통이 있는 삶 역시 재미있지 않은가. 정말이지 지금은 참 좋은 시대다. 그럭저럭 생활도 편리해졌고, 물질적으로도 정신적으로도 예전에 비해 확실히 좋아졌다. 그리고 앞으로 더욱 좋아질 것이다. 그러니 마음껏 고통을 즐겨보자. 지금과 같은 시대에 살고 있는 것에 감사하자.

우주는 당신을 성장시키고 싶어한다

비법을 꾸준히 실천하다 보면 어떻게 소원이 이루어지는지 그 이치가 보일 때가 있다. 앞에서 이를 '번뜩임'이라고 했다. 알아차린 순간 즉시 노트에 빨간 펜으로 적어두자. 그런데 가끔은 그 알아차림이 현재 자신의 안전 영역을 벗어날 때도 있다. 나한테는 다음과 같은 번뜩임이 찾아올 때가 있었다.

- 회사를 설립하자.
- 지금 당장 기획서를 보내자.
- 구석구석 깨끗하게 방을 청소하자.
- 테라피스트 양성 강좌를 신청하자.
- 라다크 투어를 개최하자.
- R-1 그랑프리에 도전하자.

- 12시간 연속 테라피를 하자.

- 스카이다이빙을 하러 가자.

- 권투 연습을 하자.

- 오스트리아에서 개최하는 세미나에 참가하자.

솔직히 돈과 시간, 큰 용기가 필요한 일도 있다. 당연히 현상 유지를 추구하는 잠재의식은 크게 저항할 것이다. 하지만 이때가 분기점이다. 할까 말까. 도전하면 앞으로 크게 나아갈 수 있다는 것은 당연히 안다. 하지만 두렵다. 어떻게 할까. 알아채지 못한 걸로 할까? 누구나 망설이고 갈등하며 갈팡질팡한다. 그런데 만일 틀림없이 '괜찮다'라는 것을 안다면 어떨까? 근거는 없다. 그저 우주가 반드시 괜찮다고 말할 뿐이다! 그러면 하는 수밖에.

물론 실패하기도 한다. 가령 나는 2014년 1월 'R-1 그랑프리'라는 일본 최고의 개그맨을 결정하는 이벤트의 지방 예선에 도전했는데, 1회전에서 보기 좋게 떨어졌다. 무척 부끄러웠고, 그때까지 해온 준비도 모두 시간 낭비가 된 셈이었다. 그러면 대회에 나가지 않았다면 더 나았을까? 결과는 분명히 실패였지만 두말할 것도 없이 나가기를 정말 잘했다고 생각한다. 왜냐하면 성장할 수 있었으니까.

특히 비법을 꾸준히 실천하다 보면 알아차림에 관한 안테나가 발달해 안전 영역을 넘어선 메시지를 종종 접하곤 한다. '시험을 본다', '세미나에 참석한다', '새로운 일을 시작한다', '회사를 그만둔다', '과감하게 투자한다', '결혼한다', '이혼한다', '해본 적 없는 일을 한다' 등등 매일매일 다양한 도전이 눈앞에 펼쳐진다.

물론 도전한다고 해서 반드시 잘된다는 보장은 없다. 하지만 우주의 목적은 여러분을 일시적으로 성공하게 만드는 것이 아니라 성장시키는 것이다.

예방이 치료보다 낫다는 생각을 버려라

일본 속담 중에 "넘어지기 전에 지팡이"라는 말이 있는데, 이 속담처럼 실패하지 않으려고 늘 지팡이를 짚고 걷는 인생은 어떨까? 금메달리스트로 그 분야에서 크게 성공한 사람을 예로 들어보자. 그는 한 번도 실패하지 않고 금메달을 땄을까? 남보다 훨씬 많이 실패하고, 그 실패를 발판 삼아 성장했기 때문에 금메달을 딴 것이다. 이는 스포츠뿐만 아니라 비즈니스에서도, 연애에서도 마찬가지다. 인간은 성장해야만 가치가 있다. 성장이야말로 행복이다. 하지만 실패 없이는 성장도 없다. 그래서 나는 이렇게 말하고 싶다.

"지팡이를 버려라!"

물론 사람은 누구나 약해질 때가 있다. 무엇이든 의지하고 싶어지는 것이다. 나도 샐러리맨 시절에 그 고통에서 도망치기 위해서 정신세계의 문을 두드렸다. 그리고 도움을 받고 치유되었다. 힘들 때도 지팡이를 짚지 말라고는 하지 않겠다. 뭔가에 의지해도 좋다. 하지만 진심으로 앞으로 나아가고 싶다면 지팡이를 버릴 용기도 있어야 한다. 소원을 이루고 바라는 대로 인생을 살고 싶다면 지팡이에 의지해서는 안 된다.

어쩌면 넘어질지도 모른다. 하지만 뜻밖에 아프지 않을 수도 있다. '넘어지더라도 이 정도는 문제없어'라고 생각한다면 성장한 것이다. 그런데 참을 수 없을 만큼 아프면 어떻게 할까? 뼈가 부러졌다면? 병원에 가서 치료하면 된다. 그리고 다음부터는 조금 조심하면 된다. 이것 역시 성장이다. 어느 쪽이든 괜찮다.

갓 태어난 아기도 필사적으로 몸을 뒤집고 고개를 들고 배밀이를 하면서 움직이고 일어서려 애쓴다. 두 손을 높이 들고 균형을 잡으면서 걸으려고 노력한다. 그러다 넘어지기도 하지만 곧바로 다시 일어선다. 두 걸음 떼었다가 넘어진다. 다음번에는 세 걸음 내딛는다. 열 걸음 걷는다. 그리고 또 넘어진다. 하지만 다시 일어서서 걷는다. 이러면서 성장한다. 걸으려고 애쓰는 아기에게 지팡이를 건넨다면 분명 아기는 싫다고 울음을 터뜨릴 것이다.

'내 발로 걸을 거야!'

여러분도 걸음마를 배우는 아기처럼 마음먹기 바란다. 모두가 여러분을 응원한다. 우주도 응원한다. 넘어져도 괜찮다. 내 어깨라도 괜찮다면 언제든 내줄 준비가 되어 있다. 그러니 지팡이를 버리고 일어서라. 걸어라. 그리고 넘어져라. 그리고 다시 일어서라. 틀림없이 괜찮으니까 할 수밖에 없다. 소원을 이루려면 안전 영역을 뛰어넘어야 할 때도 있다.

인생은 참으로 다양하다. 소원하는 인생도, 그렇지 않은 인생도 어느 쪽이든 마찬가지다. 어느 쪽을 선택할까? 소원하는 인생을 선택한 사람은 크게 "네!"라고 대답하자.

지금 이 순간, 여러분의 소원은 실현을 향해 크게 전진했다.

축하한다. 재미있지 않은가? 기분이 좋아진다. 점점 더 즐겁고 좋아질 것이다. 인생은 즐기기 위해서 있는 거니까. 지팡이를 찾아서 꾸물대는 인생은 별로다. 어쨌든 해보고, 해보고, 계속 도전하는 거다. 갈 데까지 가보는 거다.

인생은 늘 지금이 출발점이다.

소원은 반드시 이루어진다.

괜찮다.

무슨 일이 있어도 괜찮다.

우주는 언제나 온 힘을 다해 여러분을 사랑하니까.

여러분의 인생을 위해 건배.

축하한다!

에필로그

솔직하게 원할 때 소원은 이루어진다

종종 깨달음은 잠과 비슷하다는 소리를 듣는다. 갑자기 멋대로
찾아오니까.

아무리 '이제 잠을 자야지!'라고 생각해도 '하나, 둘, 셋, 쿨
쿨.' 이렇게 되지는 않는다. 그저 나도 모르는 사이에 잠이 든
다. 깨달음도 이와 같아서 '이제 깨달아야지'하고 마음먹어도 뜻
대로 되지 않는다.

명상을 해도, 참선을 해도, 폭포 아래 서 있어도, 의도한 대로
깨달음을 얻는 일은 없다. 단, 잠도 깨달음도 그 나름의 준비가
필요하다.

잠을 자려면 눕고, 이불 속에 들어가서, 눈을 감는다. 이러면 어느새 잠이 든다.

그러면 깨달음은 어떨까? 결론부터 말하면 솔직하게 살면 된다. 그렇다면 솔직하다는 것을 무엇일까? 초식동물이 솔직하게 산다는 것은 풀을 먹는 것이다. 육식동물이 솔직하게 산다는 것은 고기를 먹는 것이다.

얼룩말에게 힘이 세어지라고 고기를 주어도 소용이 없다. 사자에게 좀 온순해지라고 풀을 주어도 소용이 없다. 얼룩말도 고기를 먹고 싶어 할지 모르고, 사자도 풀을 먹고 싶어할지는 모르지만 공교롭게도 그렇게 되지는 않는다. 중요한 것은 얼룩말이나 사자나 그만이 할 수 있는 일이 있고, 그 역할을 성실하게 하는 것, 그것이 솔직함이다. 그러면 인간만이 할 수 있는 일은 무엇일까?

그것은 '소원하는 것'이다.

인간 이외의 모든 동식물은 그저 본능의 프로그램대로 살아간다. 광합성하고, 풀을 먹고, 고기를 먹고. 하지만 인간은 본능의 프로그램에서 자유로워진 지구상에서 유일한 생명체다. 신의 변덕일까? 애초에 인간에게도 있던 본능이라는 기능을 완전히 박살냈다.

본능에 구속되지 않고 자유롭게 살아본다. 이것이 인간다운 삶이다. 그리고 그런 삶을 위해서 주어진 사명이 '소원하는 것'이다. 앞으로 솔직히 바라고, 인간답고 자유로운 인생을 걸어가면 된다.

하지만 소원하다 보면 지금 자신과의 거리감에 고민하다가 도망치고 싶어지는 일도 있다. 그래도 소원해본다. 그러다보면 훅 하고 힘이 빠지는 순간을 경험하고, 소원이 이루어진 것을 알아차리게 된다. 이것이 바로 깨달음이다.

그 과정에서 요령을 알았다면 앞으로의 인생은 상상 이상으로 즐거워진다. 바로 기쁨이 눈덩이처럼 거대해지는 것과 비슷하다. 생각해보면 내 인생도 중간부터 정말로 즐거워졌다.

참지 않고, 자유롭게 구하고, 솔직히 바랐다. 그랬더니 어느새 대부분 이루어져 있었다. 그 소원을 우주에 닿게 하고, 이루는 데 가장 좋은 방법은 말로 표현하는 것이다.

그 하나가 바로 이 책에서 소개한 비법이다.

나도 정말 많이 썼다. 노트에 넘칠 만큼 썼고, 블로그에도 짖어대듯이 썼다.

- 절대로 남에게 고용되지 않고 산다.
- 월수입 1000만 원을 넘긴다.
- 책을 출판한다.
- 자유롭게 여기저기 여행한다.
- 언제나 가족과 즐겁게 웃으며 산다.

그랬더니 어느샌가 소원보다 훨씬 많은 것이 이루어져 있었다. 더는 걱정하지 않아도 된다.

단순하게 바라고, 그리고 말로 표현해보자. 말로 표현하면 그 만큼 소원이 훨씬 쉽게 이루어진다. 비법도 좋고, 블로그도 좋고, 먹고 마시면서 사람들과 이야기를 나누어도 좋다. 이것저것 따지지 말고 그저 솔직하게 바란다. 그리고 때때로 기도한다. 어느 순간 뭔가 뻥 하고 터지면서 소원이 이루어질 것이다. 그 것도 갑자기, 제멋대로 말이다.

여기까지 읽고 '그래, 솔직하게 원하면 되는 거야'라고 생각 한다면 당신은 이미 된 거다. 어떤 소원이든 이루어지는 영역에 들어온 것이다 하지만, '아니, 여전히 이해가 안돼'라며 거부감 이 든다면 어떻게 해야 할까?

일단 100일 동안 비법이라도 실천해보면 어떨까? 그러는 중 에 뭔가 이해가 되었다면, 그래서 인생이 즐거워졌다면 적어도 손해는 아니니까. 어쨌든 이것저것 고민하지 말고 솔직히 원하 면 된다. 어린아이처럼 말이다. 그리고 이 책을 베개 삼아 낮잠이라도 청해보자. 혹시 꼬마 요정이 나타날지도 모르니.

마지막으로 나는 이 책을 정말로 열심히 썼다. 그러니까 여기까지 읽어준 것만으로도 더없이 기쁘고 고맙다. 하지만 여러분의 꿈이나 소원이 더욱더 많이 이루어진다면 훨씬 더 기쁠 것이다. 혹시 괜찮다면 '꿈이 이루어졌다'는 이야기를 들려주었으면 좋겠다. 흥분해서 함께 기뻐하고 싶다. 그리고 하이파이브하면서 내친 김에 기쁨이 더욱 거대해지는 것을 지켜보고 싶다.

잠들기 전,
쓰기만 하면
이루어진다!